سلسلة دراسات في: دولة التنظيم السري

1

ملاحظات تمهيدية

ممدوح الشيخ

الكتاب: دولة التنظيم السري....ملاحظات تمهيدية

المؤلف: ممدوح الشيخ

"دولة التننظيم السرى" ...قصة فكرة!

كنت عائداً من مؤتمر أدباء الأقاليم بسوهاج عندما لمحت في يد زميل عدد "**أخبار الأدب**" (28 / 12/ 2003) ولفت نظري فيه عنوان فاشتريته، وبسبب الزحام الشديد في أرشيفي انتزعت صفحة الموضوع الذي أريده وألقيت الباقي. ظل العدد المهمل يطاردني لأيام وأنا أضعه جانبا دون التخلص منه حتى دعتني زوجتي لقراءة كلام لحسن حنفي. كان كلام حنفي ضمن مداخلته في مؤتمر الجمعية الفلسفية بالإسكندرية الذي حضره الراحل نصر أبو زيد. وكانت العبارة الأكثر صدمة لي في "**كلام الفيلسوف**" قوله عن نصر:

"قال أشياء كنت أتمنى أن أقولها ولكن ربما استخدامي لآليات التخفي حال بين فهم

ما أردت أن أقول. نحن مجموعة من الأفراد لو اصطادونا لتم تصفيتنا واحدا واحدا، ولذلك أرى أن أفضل وسيلة للمواجهة هي استخدام أسلوب حرب العصابات. اضرب واجري. ازرع قنابل موقوتة في أماكن متعددة تنفجر وقتما تنفجر ليس المهم هو الوقت. المهم أن تغير الواقع والفكر. ولذلك يسمونني (المفكر الزئبقي). لا أحد يستطيع أن يمسك علي شيئاً"!!!

وتساءلت هل هذا تنظير فكري أم تفكير أمني؟

وكتبت آنذاك مقالا مسلسلا بعنوان **"تنظيم إرهابي سري اسمه الجمعية الفلسفية المصرية" في "الأحرار"**، والغريب أنه كان الوحيد في حياتي المهنية الذي تدخلت مباحث أمن الدولة لمنع استكمال نشره!

وبعد المقال والتدخل الأمني بدأت أشعر أن الموضوع يحتاج لتعميق وساعدني على التفرغ له أنني كنت في هذه الفترة متفرغا

للبحث دون التزام وظيفي فبدأت أولا بمسح مكتبتي بحثا عن أصول الدولة المركزية الحديثة التي أسسها محمد علي.....وبدأ النموذج يتبلور وصككت المصطلح **"دولة التنظيم السري".**

وكان أول ما نشرته على نطاق واسع مقال **"البيان الإماراتية"** بعنوان: **"دولة القانون ودولة التنظيم السري"**، وأصبح لدي مشروع مفتوح حول الموضوع، وخلال رحلة التتبع أن الكاتب العراقي المعروف حسن العلوي لخص تجربته مع صدام حسين بعنوان **"دولة المنظمة السرية"**. وخلال عملي بـ **"الدستور"** كان هناك محطتان مهمتان في مسار الفكرة، كانت الأولى عندما استضافني برنامج **"شارع الكلام"** على النيل الثقافية مع الدكتور محمد مورو والدكتور كمال السعيد حبيب وكلاهما من أقرب الناس إلى قلبي، وكانت فرصة لأن نخرج من الاستديو لمقهى بوسط القاهرة وطرحت للمرة الأولى تصوري

للفكرة وكان تجاوبهما جيدا، لكن الدكتور مورو سأل سؤالا مهما هو: هل معنى هذا أن نيأس؟

وكان ردي أن الظاهرة تنطوي على مفارقة فهي في صلابة جبل الجليد بحيث يمكنها تحطيم أي سفينة تصطدم بها، وهي في الوقت نفسه، تذوب تحت آشعة الشفافية والديموقراطية، بالضبط كما يذوب جبل جليد مهما بلغت ضخامته تحت آشعة الشمس. ولاحقا لفت نظري البعد الإبليسي في الظاهرة ذلك أن **"استمداد القوة من الخفاء"** من صفات إبليس، قال تعالى: **"إنه يراكم هو وقبيله من حيث لا ترونهم"**.

المحطة الثانية خلال عملي بـ **"الدستور"** كان مقالات عن الظاهرة كانت سبب تعرفي على المستشار أحمد مكي الذي بدوره عرفني على الدكتور حمادة حسني الباحث الأكثر أهمية في تاريخ **"التنظيم الطليعي"** الظاهرة الأكثر انحطاطا في تاريخ

8

دولة التنظيم السري في مصر. وبالتعاون مع الصديق العزيز الإعلامي المتميز عاصم بكري نفذنا لحساب قناة الجزيرة وثائقيا بعنوان "**دولة المنظمة السرية**"، وقبل الثورة بقليل عرضت الفكرة على أكاديمي مسئول عن النشر بمؤسسة قومية فتحمس وقال إن أهمية الفكرة تتجاوز طبيعتها المثيرة، إنه مفهوم تحليلي جديد، وأضاف: "**أرجوك اكتب عن الظاهرة خارج مصر فقط...فلا أريد صداعا من رجال التنظيم الطليعي**"!

كان الأكاديمي "**الشجاع**" يقصد بذلك ظواهر مثل: أكازو (رواندا) وطريقة الأورانج (أيرلندا)... وهكذا

وهذه الدولة السرية هي الفاعل الرئيس في الواقع السياسي المصري، منذ أكثر من مئة عام، وقبل أيام قال لي المستشار الجليل محمد حامد الجمل رئيس مجلس الدولة الأسبق الدكتور صوفي أبو طالب رئيس مجلس الشعب السابق قال له: "**لا أحد يمارس**

السياسة بشكل مؤثر في مصر إلا رجال التنظيم السري"!

ودولة التنظيم السري هي في خلاصتها ذات وجهين الأول: إحساس متبجح وصفيق بالحق في الوصاية على الشعوب و"**حمايتها من نفسها**"، والثاني رفض تام لفكرة المساواة وقناعة تامة بأن "**رجال الظل**" ــ كما كان شعار الأوبوس داي الإسبانية ــ "**خلقوا ليكونوا سادة**".

حول مقولة: "دولة التنظيم السري"

دولة التنظيم السري هي في خلاصتها ذات وجهين الأول: إحساس متبجح وصفيق بالحق في الوصاية على الشعوب و**"حمايتها من نفسها"**، والثاني رفض تام لفكرة المساواة وقناعة تامة بأن **"رجال الظل"** ــ كما كان شعار التنظيم السري الشهير **"الأوبوس داي"** الإسبانية ــ **"خلقوا ليكونوا سادة"**.

والظاهرة تنطوي على مفارقة فهي في صلابة جبل الجليد بحيث يمكنها تحطيم أي سفينة تصطدم بها، وهي في الوقت نفسه، تذوب تحت آشعة الشفافية والديموقراطية، بالضبط كجبل جليد تحت آشعة الشمس. ولاحقا لفت نظري البعد الإبليسي في الظاهرة

14

ذلك أن **"استمداد القوة من الخفاء"** من صفات إبليس، قال تعالى: **"إنه يراكم هو وقبيله من حيث لا ترونهم"**.

وهذه الدولة السرية فاعل رئيس في واقعنا السياسي منذ أكثر من مئة عام، وقبل أيام قال لي المستشار الجليل محمد حامد الجمل رئيس مجلس الدولة الأسبق الدكتور إن صوفي أبو طالب رئيس مجلس الشعب السابق قال له: **"لا أحد يمارس السياسة بشكل مؤثر في مصر إلا رجال التنظيم السري"**!

ولتتضح بعض ملامح الظاهرة التي لا يوجد بشأنها خطاب تحليلي واضح المعالم نشير إلى أنها تختلف عن **"دولة القانون"** في سمة فارقة هي أن الحقيقة فيها لا تكون في الوثائق الرسمية بل تكون أقرب إلى **"وديعة"** تُسلَّم يدا بيد في دائرة مغلقة. والنخب المغلقة هنا غالبا تكون كيانا موازيا لجهاز الدولة يتصل بهذا الجهاز من نقاط التقاء محددة تمكنه من السيطرة على الدولة، وفي الوقت نفسه

البقاء منفصلا عن جهاز الدولة، وهذه السمة تضمن لـ **"دولة التنظيم السري"** استمرارية تتجاوز تغيير النظام السياسي وقدرة على إعادة إنتاج نفسها والسيطرة على الدولة.

و **"دولة التنظيم السري"**، وبخاصة في التجربة المصرية مغرمة بـ **"السيطرة"** (Control) وهو ما أطلق على عمليات شهيرة كانت موضوع فضيحة كبيرة في نهاية الستينات وكان من المتورطين فيها وزير الإعلام المزمن صفوت الشريف، ومن القصص الطريفة التي تكشف عن جذور فكرة استخدام معلومة محجوبة بهدف السيطرة السياسية ما رواه الكاتب الأمريكي ريتشارد نوكس في مشاركة له في كتاب The Book of Time يقول:

"لاحظ الفلكيون المصريون، طيلة مئات من السنين التي سجلوا فيها الأحداث الفلكية، أن كسوف الشمس وخسوف القمر يتبعان دورة تستغرق ثمانية عشر عاماً وأحد

عشر يوماً، تقريبا، لكي تكتمل........ وهذه الدورة وتسمى الساروس احتفظ كهنة المعابد الفرعونية بأسرارها ضمن سائر المعارف العملية الأخرى."

"ومنحتهم هذه المعرفة بالأسرار قوى مدهشة، ظاهريا، على التنبؤ، بل على التحكم الظاهري في السموات، إذ كان بوسعهم أن يتنبأوا بأن الإله الشمس سوف يحتجب نتيجة المعاصي التي يرتكبها الشعب. فإذا ما حدث الكسوف أمكن الكهنة أن يبشروا باستعادة الشمس، وفق شروطهم الخاصة!".

وقد خطط أحفاد هؤلاء الكهنة الأشرار جريمة الاعتداء على كنيسة القديسين بطريقة تحقق لهم أهدافا سياسية معينة....والفرق بين الحالتين هو في التفاصيل فقط!

وفي عالم السياسة المعاصرة ثمة نماذج معروفة لدولة التنظيم السري من أهمها "إرجينيكون" في تركيا و"أكازو" في رواندا و"غلاديو" في إيطاليا و"طريقة الأورانج" في

أيرلندا، أمافي فرنسا فتعد السيطرة الكاسحة للمحفل الماسوني على الدولة في الجمهورية الفرنسية الثالثة (1870 – 1940) حالة مثالية لدولة التنظيم السري، حتى أنها تعرف في غير قليل من أدبيات السياسة بـ **"الجمهورية الماسونية"**.

ومنذ بدأ العنف الذي يشوبه غير قليل من الغموض في حوادث عدة عقب ثورة الخامس والعشرين من يناير والحديث عن **"الطرف الثالث"** يتصاعد في الخطابين الإعلامي والتحليلي، ومن الخبرات المهمة في التعامل مع ظاهرة دولة التنظيم السري أن القناعة بوجود الظاهرة كـ **"فرض نظري"** يصعب – أو يستحيل – تفسير الحوادث دون التفكير فيه هو أول الطريق نحو مواجهة **"الظاهرة الشبح"**، فالاستخفاف التام بالفرض والتعامل معه بوصفه حالة من حالات الإغراق اللاعقلاني في التفكير التآمري أو أفضل غطاء لاستمرار الظاهرة بعيدا عن الملاحقة، والمهم

هو التفرقة الحاسمة بين التفكير العقلاني الموضوعي فيها وبين الوقوع في أسر أوهامها، فدولة التنظيم السري أحد أهم مفاتيح فهم الواقع وشرط موضوعي لأي جهد حقيقي للتطلع نحو مستقبل أفضل.

وقد تكون البداية من وضع ضوابط قانونية صارمة لمنع أي مسئول – أو حتى موظف عمومي – من أن يكون له ولاء سري أيا كان!

إنهم يستمدون القوة من الخفاء

أما قبل...

فقد عايشت هذا الكتاب معايشة لا تكاد تنقطع
منذ العام 2004، ولهذه المعايشة قصة أرى أن من
حق قارئه أن يعرفها، وهي ليست قصة شخصية بل

23

أحد أهم المداخل التي تساعد على فهمه. ولكونها ليست المدخل الأهم فلن تكون أول المداخل.

<u>1</u>

كنت أعد مع الإعلامي المعروف، الصديق العزيز عاصم بكري فيلماً تسجيلياً لقناة الجزيرة اخترنا له اسم "**دولة المنظمة السرية**" وقام بإخراجه وعرض في 2009، عندما قادتني قدماي إلى منزل الكاتب الإسلامي الكبير الأستاذ أحمد رائف – رحمه الله رحمة واسعة – وفي صالونه وجدت عدداً من الحضور بينهم الزميل مصطفى سليمان أحد مراسلي الموقع الإليكتروني لموقع قناة "**العربية**" على الانترنت "**العربية نت**" وقاضٍ سابق له كتابات في الفكر الإسلامي مثيرة للجدل.

كان مصطفى سليمان يحاور أحمد رائف حول تصريحاته عن "**تنظيم سري**" قال إنه يسيطر على جماعة الإخوان، وفجأة ألقى قنبلة من العيار الثقيل.

حسب رواية رائف فإنه التقى صفوت الشريف أكثر رجال نظام مبارك غموضاً على مأدبة في منزل كاتب معروف وبعد تناول الطعام بدأ المدعوون في الدردشة فقال رائف مخاطباً صفوت الشريف:

هو حضرتك ازاي كنت عضو في النظام الخاص لجماعة الإخوان المسلمين؟

وتكهرب الجو ..وتبودلت بينهما جمل قصيرة لا تعني النفي ولا الإثباب، لكن رائف واجه الشريف بأسماء زملائه في المجموعة. ورغم أنني تفهمت إحجام الزميل مصطفى سليمان عن تفجير هذه القنبلة السياسية آنذاك إلا أنني بقيت مندهشاً.

ومن المعلومات الصادمة التي خرجت بها من تجربة هذا الوثائقي معلومة أخرى كشف عنها أهم الحبراء في تاريخ التنظيم الطليعي – الدكتور حمادة حسني عضو هيئة التدريس بجامعة قناة السويس – عندما قال لي إن المهندس خيرت الشاطر نائب مرشد جماعة الإخوان المسلمين كان عضواً بـ "**التنظيم الطليعي**" السري. وهو حسب وصف أحد المستقيلين حديثاً من الإخوان، فإنه ليس فقط نائب المرشد العام

للجماعة بل الرجل الحديدي الذي يستطيع إقناع أعضاء مكتب الإرشاد بأن الشمس تشرق من الغرب!!

وفي حوار له كشف وزير التعليم السابق أحمد جمال الدين موسى أنه كان زميلاً لخيرت الشاطر في **"المعهد الاشتراكي"(المصري اليوم – حوار: محمد السيد صالح وشيماء عادل ١٩ / ٨ /٢٠١١)**، والمعهد أحد أهم مدارس إعداد الكوادر لنظام عبد الناصر. وعدت بالذاكرة سنوات إلى معلومة تشير إلى أن شركة من شركات الإخوان التي كانت موضوع قضية شهيرة وكان للشاطر صلة وثيقة بها كان من أهم العقود التي أبرمتها عقد مع جهة سيادية حساسة!

<u>2</u>

"الحكم على شيء فرع عن تصوره" قاعدة ذهبية في علم أصول الفقه، ومنها يمكن أن نشتق

"**إصلاح شيء فرع عن تصوره**" فلا أمل في إصلاح سياسي في العالم العربي دون معرفة بالـ "**شئ**" الذي نصلحه، وعبر تجربة حكم نخب التحرر الوطني تبلور نموذج سياسي لخص المفكر الإسلامي المرموق الدكتور أبو يعرب المرزوقي أهم سماته في تعبير "**التحديث الاستبدادي والبهائية المتخفية**" حيث دخل الثوريون العرب تجربة "**إصلاح**" – أو تحطيم – الشعوب بدلاً من إصلاح الدولة وذلك حتى يصبح المواطنون متوافقين مع شكل للدولة معد ومستورد من أوروبا هو خليط تلفيقي من النموذجين الفرنسي والألماني للدولة القومية.

غير أن الدولة التي بدأت – أو حاولت أن تبدو – دولة قانون تحديثية سقطت أقنعتها فإذا هي دولة تنظيم سري أكثر همجية وبربرية مما يذهب الخيال، والصدمة الأولى لم تكن عربية بل كشف عنها سقوط نظام حكم الرئيس الرواندي جوفنال هابيريمانا بنهاية الحرب الأهلية الرواندية (1994) فالسقوط غير المتوقع للنظام لم يتح فرصة للتخلص التام من وثائقه

وحمل الكشف عنها مفاجأة كانت القوى الأوروبية المتحالفة معه تعرفها وتشاركه التستر عليها.

فالرئيس الرواندي السابق هابيريمانا كان مرتبطا بعلاقات وثيقة مع العائلة المالكة البلجيكية وفرنسا واستنادا إلى دعمهما المطلق تحول إلى الرئيس/ الملك ورغم هذا فإن القوة الحقيقية كانت تكمن في يد زوجته أجاسي التي كان الروانديون يلقبونها باسم شخصية رهيبة من تاريخ بلادهم وقد أحاطت نفسها بمجموعة من **"متحجري القلوب"** وكونت مافيا شديدة الإحكام سميت **"أكازو"** أي حكم القلة ومعناها **"المنزل الصغير"**. وحسب أحد المنشقين على هذه المافيا ذات الخطاب الثوري فإنهم تعاملوا مع الدولة كشركة خاصة يحق لهم أن ينتفعوا منها قد ما يستطيعون، أما الرئيس وقادة **"الحركة الثورية الحاكمة"** فوقعوا في شباك هذه المافيا.

ولم تكن هذه المافيا السرية من صناعة العقلية الشعبية التي تبحث عن الغامض والسري والمثير بل أشارت إلى وجودها تقارير رسمية من بينها تقرير جوهان سويفن سفير بلجيكا (1992) في رواندا الذي

جاء فيه أن هذه الجماعة السرية تخطط لإبادة التوتسي. ولم تكن السرية مقصورة على رواند القابعة في قلب أحراش أفريقيا ففي فرنسا التي كانت تدعم هذه المافيا السرية استصدرت قرارات رسمية بمضاعفة المساعدات الفرنسية لرواندا ثلاثة أضعاف وبقيت القرارات التي تخص رواندا سراً حتى تظل فرنسا غير مسئولة عن جريمتها. وعندما اغتيل الرئيس هابيريمانا كانت السيدة أجاسي على أول طائرة فرنسية تقلع من مطار العاصمة حيث تعيش في شقة فاخرة بباريس!!!!

وقد تصورت عندما كتبت عن الظاهرة لأول مرة مجتهدا في صوغ تعبير **"دولة التنظيم السري"** أنني أدخل بابا غير مسبوق، غير أن حوارا مع الروائي العراقي المعروف محيي الأشيقر كشف لي عن عمل مهم في هذا السياق هو كتاب **"دولة المنظمة السرية"** للسياسي العراقي حسن العلوي الذي كان من قيادات البعث ووصف في كتابه جانبا من البنية السرية للنظام العراقي و**"المناطق المحرمة"** في السياسة العراقية التي لم يكن يسمح

لأحد من خارج الحلقة الضيقة بدخولها، وما كشف عنه كتاب العلوي ووثائق النظام الرواندي السابق أن القضية تتجاوز المنطق التآمري والهوس بالسرية والغموض اللذان يرفعان في وجه من يحاولون لفت النظر للأهمية الجدية لطبيعة السرية للممارسة للسياسة العربية خلال نصف القرن الماضي.

وقضية السرية تعيد للذاكرة أسماء مثل: **"جماعة تركيا الفتاة"** في تركيا و**"تنظيم العروة الوثقى"** الذي أسسه جمال الدين الأفغاني وكانت باريس محطة مهمة في مساره، و**"جماعة الكتاب الأحمر"** في الشام والعراق، و**"التنظيم الطليعي"** في مصر، وكذا الأدوار الحاسمة التي قامت بها أقليات في التاريخ العربي الحديث، وفي هذه الحالات جميعاً نحن أمام عملية **"ترانسفير"** للسياسة من الجهاز الإداري للدولة إلى بنى سياسية موازية تتسم بالغموض وتمسك بخيوط القرار السياسي عبر آليات خفية.

وإذا كانت الحقائق في دولة القانون توجد في الوثائق – أو هكذا ينبغي أن يكون – فإنها في دولة

التنظيم السري تكون ملك أشخاص وهنا تغيب الوثيقة والحقيقة معاً، ومن يتابع المناقشات التي تشهدها دول عربية عديدة حول الوثائق الرسمية وقلتها وصعوبة الوصول إلى القليل الموجود منها يدرك أن **"تغييب الحقائق"** أصبحت ثقافة عامة وأن التعليمات الشفوية والتفاهمات الضمنية قد حلت محل الإجراءات القانونية التي هي أول معالم دولة القانون.

والازدواج في دولة التنظيم السري يتجاوز البنى السياسية إلى الأجندات السياسية، ففي ظل نظام شمولي لا مكان فيه لمعارضة أو مساءلة كالنظام البعثي أو الناصري لا معنى لدولة التنظيم السري إلا أن تكون هناك أجندة سياسية لا يمكن إعلانها، ومن ثم تصبح عملية **"الترانسفير"** من المعلن إلى السري ضرورة، وعلى الأرجح هذا هو المبرر الحقيقي لوباء التوريث الذي يجتاح جمهوريات المنطقة العربية، حيث تحل **"أسرة"** محل التنظيم السري وتبقي الحقيقة/ الوديعة تنتقل من جيل لجيل داخل هذه الأسرة على نحو ما كان يحدث في تقاليد الكهانة الفرعونية.

وقد كشفت وثائق مخابراتية رفع عنها حجاب السرية قبل سنوات أن أجهزة المخابرات الغربية استخدمت رواية **"دكتور زيفاجو"** الشهيرة للروائي الروسي بوريس باسترناك سلاحاً في الحرب الباردة على نحو واسع وترجمتها ونشرتها على أوسع نطاق لكشف الطبيعة الدموية للنظام السوفيتي البائد، وفي ضوء هذه الحقيقة وتجارب أخرى مماثلة فينبغي الانتباه لدلالات الانتشار الواسع لرواية **"شيفرة دافينشي"** لدان براون وهي مما يطلق عليه البعض **"رواية مصنعة"**، فمحتواها التاريخي صحيح وهو نتاج جهود عشرات الباحثين، وبالتالي فهي عمل تأريخي في قالب روائي، والرواية تحكي قصة الصراع بين محافل سرية أوروبية والتأثير الكبير لهذه المحافل في التاريخ الأوروبي، ومن ثم فإن توقيت النشر والضجة الصاخبة التي أثارها النشر، قد تكون محملة برسالة للشعوب العربية لوضع خط يفصل بصرامة بين **"السرية اللاعقلانية"** التي تمتلئ بها الثقافات الشعبية شرقاً وغرباً وبين **"دولة التنظيم**

السري" التي يبدو أنها ينبغي أن تشغل العقل التحليلي العربي، إن كان حقا مشغولاً بقضية الإصلاح.

<u>3</u>

انشغل الإنسان بموضوع السرية منذ بداية التاريخ تقريباً، ومن القصص المثيرة في هذا السياق القصة التي أوردها الكاتب الأمريكي ريتشارد نوكس في مشاركة له في كتاب The Book of Time (ترجم للعربية باسم: **فكرة الزمان عبر التاريخ**) وسبق إيرادها.

ومن كهنة الفراعنة إلى الكهنة الجدد من رجال دولة التنظيم السري تغيرت والوسائل ولم يتغير الأهداف، فالسيطرة على التغير بأي ثمن وبأية وسيلة تظل الهدف الأكثر قداسة عند اليد الخفية أيا كان اسمها أو شكلها التنظيمي بحيث تصبح قادرة على صنع التغير ومنع التغيير. و"**التغير**" و"**التغيير**" مصطلحان بينهما من الناحية الإملاء (الشكل) حرف

واحد وبينهما من ناحية المعنى (المضمون) فرق كبير، فالتغير تحول تلقائي وفق قوانين داخلية يمكن القول إنها سنن كونية لو تركت المجتمعات البشرية فستنتقل وفقا لها من طور إلى آخر من أطوار التحول الاجتماعي. أما التغيير فعمل مخطط سلفا لتحقيق غايات معدة مسبقا، وقد ارتبط مفهوم التغيير أولا بظهور **"الدولة القومية"** كشكل للتنظيم السياسي، ويعتبر المؤرخون "صلح وستفاليا" (1648 لحظة ميلادها الحقيقية، لكن ميلاد الدولة القومية أدى ـ من ناحية أخرى ـ إلى ميلاد ظاهرة أخرى هي النزوع المتزايد إلى التحكم في العوامل الحاكمة لعملية **"التغير"** ليحل محلها **"التغيير"**.

ومن أهم نماذج هذا النزوع ما يرويه الأكاديمي الأمريكي والت ج. أونج في كتابه **"الشفاهية والكتابية"** يقول حرفياً:

"ليس ثمة من عمل يتناول التفكير الإجرائي أكثر فائدة للدراسة الراهنة من كتاب أ. ر. لوريا (التطور المعرفي: أسسه الثقافية والاجتماعية) (1967) فبناء على إيحاء من عالم النفس السوفيتي

الفذ ليف فيجوتسكي، قام لوريا ببحث ميداني واسع على أشخاص أميين (أي شفاهيين) وأشخاص كتابيين إلى حد ما في المناطق البعيدة من أوزبكستان (مسقط رأس ابن سينا) وقيرغيزيا في الاتحاد السوفيتي خلال العامين 1931. 1932 – ولم ينشر كتاب لوريا في طبعته الروسية الأصلية إلا سنة 1974، أي بعد أن اكتمل البحث باثنتين وأربعين سنة."

فلماذا تبقى نتائج دراسة من هذا النوع محجوبة كل هذه السنوات؟!!

4

"هذا ما تطوعنا فيه بدافع تلك الرغبة الجنونية المقدسة في تغيير الكون. حسبنا أن نؤمن بأننا ضمن الصفوة المختارة".

بهذا لخص الأديب الكبير نجيب محفوظ أحد أهم ملامح رجال دولة التنظيم السري في مجموعته

القصصية "التنظيم السري"، وبعد رجال الظل لا يكون هدفهم التغيير بل السيطرة ومنع التغيير، لكن الإحساس المبالغ فيه بالنخبوية مشترك عام بين رجال التنظيمات السرية جميعاً.

وهذا المشترك العام يشير إلى قضية مهمة هي قضية ما يطلق عليه المفكر العربي الإسلامي الراحل الدكتور عبد الوهاب المسيري **"الاستعارة المجازية الكبرى"** التي تلخص الظواهر الكبرى، فمثلاً مع إعادة بعث صورة الإله في فكر أرسطو بوصفه إلهاً لا إرادة له في الحقيقة أصبح الكون يشار إليه بوصفه ساعة سويسرية لا تحتاج إلى من يدفعها.

وإلى جانب الاستعارة المجازية هناك أيضا مفهوم **"الأسوة"**، فبينما الأديان تجعل الأنبياء أسوة ومثلا أعلى **"لقد كان لكم في رسول الله أسوة حسنة"**، اختار رجال دولة التنظيم السري أن يكون إبليس أسوتهم كونه يستمد القوة من الخفاء قال تعالى: **"إِنَّهُ يَرَاكُمْ هُوَ وَقَبِيلُهُ مِنْ حَيْثُ لا تَرَوْنَهُمْ"**.

من تاريخ الماسونية في مصر قبل الحملة الفرنسية

شبتاي تسفي "دجال الدونمة" على نيل المحروسة!

لا يكاد يوجد في الكتابات التي تؤرخ للمحافل الماسونية في مصر ما يؤكد أن الماسونية في مصر كان لها وجود تنظيمي ممتد قبل الحملة الفرنسية على مصر (1798 – 1801)، لكن ثمة شواهد محدودة على أنها كانت موجودة قبل هذا التاريخ، ويشير الباحث وائل إبراهيم الدسوقي المتخصص في الماسونية – في كتابه القيم "الماسونية والماسون في مصر – 1798 /1801)" – إلى وجود لوحتين ربما كانتا من هذه الشواهد.

إحدى اللوحتين موجودة في دير الأنبا رويس في المقر الرئيس لبطريركية الأقباط الأرثوذكس بالعباسية رسمها فنان مصري

مسيحي هو إيزاك فانوس وتعتبر من شواهد وجود الماسونية في مصر قبل الحملة الفرنسية. اللوحة ملونة حجمها 120 سم طولا و40 سنتيمتر عرضا ومكتوب تحتها بالقبطية "الأب باخوم أبو الديرية" (292 م – 347م)، وهو فيها يمسك بيمناه لفافة يمكن التخمين بأنها كلمات من الكتاب المقدس، ويمسك بيسراه الزاوية والفرجار، وهما ليسا من رموز المسيحية في أي عصر من العصور، بل هما من رموز الماسونية، ما يثير التساؤلات بشأن وجود الماسونية في هذا الوقت المبكر في مصر.

اللوحة الثانية هي للفنان نفسه ومعلقة في كنيسة العذراء للأقباط الأرثوذكس المصريين بمدينة لوس أنجلوس الأمريكية، وتصور الأب كيرلس بطريرك الإسكندرية (384 م – 412 م) وهو يتكئ على عامود قصير من الطراز الروماني، وهو تقليد غير متبع في تصوير القديسين بالفن المسيحي، لكنه

متبع في تصوير الأساتذة العظام في الماسونية، حيث العامود رمز مهم من رموزها. ويستنتج الباحث وائل إبراهيم الدسوقي من أنهما بريشة فنان واحد أن تكون ماسونيته هي سبب رسم هاتين الشخصيتين القبطيتين بهذا الشكل.

ومع مجئ الحملة الفرنسية على مصر في 1798 كان من الأشياء التي حرص نابليون على القيام بها تأسيس محفل ماسوني في القاهرة في أغسطس من العام نفسه. المحفل رأسه الجنرال الفرنسي جان باتيست كليبر ــ خليفة نابليون في قيادة الحملة فيما بعد ــ وكان أعضاؤه ضبط فرنسيون ماسون اختارهم كليبر، وكان بين أعضائه يهود ولا يستبعد وجود مصريين. كان المحفل يحمل اسم إيزيس المعبودة الفرعونية الشهيرة واستلهم أسطورتها الشهيرة، وكان أعضاء المحفل يجتمعون في معبد ممفيس الذي كان كهنة إيزيس يجتمعون فيه ويعتبرونه مدرسة للحكمة

ومعرفة الأسرار. وفي فترة لاحقة أصبح مؤكدا وجود مصريين في المحفل بينهم كثير من وجهاء القاهرة والعمد المختارين، وكان هؤلاء – حسب الماسوني الشهير شاهين مكاريوس – أول الماسون المصريين. وحسب مكاريوس أيضا كان نابليون يؤسس المحافل الماسونية حيث ذهب لمد نفوذه. وبمقتل كليبر عام 1800 توقفت أعمال المحفل وانحلت عراه. وهناك من الباحثين من يرجح أن إشراك مصريين في هذا المحفل نوع من الاستخبارات العسكرية!!.

رحلة شبتاي تسفي

تعد رحلة شبتاي تسفي المسيح الدجال الذي أصبح مؤسسا لأحد أحد أهم الطوائف اليهودية في التاريخ الحديث أكثر الفصول إثارة في تاريخ الماسونية في مصر قبل الحملة الفرنسية. وُلد شبتاي نسفي في مدينة أزمير التركية لأسرة يهودية إشكنازية تشتغل بالتجارة. تلقى تسفي تعليماً دينياً تقليدياً، فدرس

التوراة والتلمود، لكنه استغرق في دراسة التصوف اليهودي "القبَّالاه". وتتزامن الفترة التي وُلد ونشأ فيها تسفي مع بداية تعاظم نفوذ الرأسمالية البريطانية والهولندية (البروتستانتية)، وبدايات مشروعهما الاستعماري العالمي، وبداية حلولهما محل المشروع الاستعماري الإسباني والبرتغالي (الكاثوليكي). كان أبوه مندوباً لشركتين تجاريتين: إحداهما بريطانية والأخرى هولندية. وقد شهد عام 1648 حدثين من أخطر الأحداث في تاريخ الجماعات اليهودية في الغرب: أولهما انتهاء حرب الثلاثين عاماً (1618 - 1648)، وهي حرب استفاد منها أعضاء النخبة من يهود البلاط، وعانت منها الجماهير اليهودية أيما معاناة. وبرغم استفادة أثرياء اليهود، فإن نهاية الحرب نفسها كانت بداية تدهور الشبكة التجارية اليهودية العالمية، وتَدنِّي وضع النخبة اليهودية بسبب تصاعد عملية تَركُّز السلطة في يد الدولة القومية

المركزية الذي أدَّى إلى الاستغناء عن الدور التجاري المميز لليهود.

وشهدت هذه الفترة إرهاصات الفكر الصهيوني بين المسيحيين في إنجلترا، وبداية الاهتمام باليهود، واسترجاعهم كشرط أساسي للخلاص. وكانت هناك نبوءة تسري في الأوساط المسيحية (البروتستانتية الصهيونية في إنجلترا وبعض فرق المنشقين المسيحيين في روسيا) بأن عام 1666 هو بداية العصر الألفي الذي سيتحقق فيه استرجاع اليهود لفلسطين.

وفي هذا الجو من الإحباط والثورات والتردي الحضاري والاقتصادي، حققت القبَّالاه انتشاراً غير عادي، ومن العوامل الأخرى الأساسية التي هيأت الجو لانفجار الأفكار المتصلة بعودة المسيح، انتشار يهود إسبانيا المتخفين "المارانو" في كثير من موانئ البحر الأبيض المتوسط والمدن التجارية، فقد كانوا يحملون فكراً صوفيا

يهوديا، كما أنهم كانوا يعانون الضيق بعد أن شهدوا أيامهم الذهبية في الأندلس وإسبانيا المسيحية، وكانوا يعيشون أيضاً خارج نطاق السلطة وبعيداً عن مراكز صُنع القرّار، الأمر الذي جعل من العسير عليهم تَقبُّل الوضع القائم. وفي الواقع، فإن كل هذا قد هيأ الجو لتصاعُد حمى انتظار عودة المسيح، وقامت أعداد كبيرة من اليهود بالإعداد لوصوله وبدأت الإشاعات تنتشر عن جيش يهودي جرار يجرى إعداده في الجزيرة العربية ليخرج منها ويفتح فلسطين.

الطريق إلى أورشليم

في هذا المناخ، ظهر شبتاي تسفي. ويبدو أن حياته النفسية لم تكن سوية، فقد كان محباً للعزلة، كثير الاغتسال والتعطر، حتى أن أصدقاءه الشبان كانوا يعرفونه برائحته الزكية. وكان يظهر عليه ما يُسمَّى في علم النفس بالسيكلوثاميا، وهي حالة نشاط وهيجان بالغين يعقبهما انقباض وقنوط، وقد صاحبته هذه

الحالة حتى الأيام الأخيرة من حياته. وكثيراً ما كان شبتاي يتغنى بالأشعار وينشد المزامير في حالة نشاطه. وحيث إنه تلقى تعليماً دينياً تلمودياً كاملاً، فلم يتهمه أحداً قط بالجهل. تزوج شبتاي فتاة بولندية يهودية حسناء يبدو أنها كانت سيئة السمعة. ويقال إنها كانت عاهرة وكانت تدعي أنها لن تتزوج إلا "المسيح" ولذا فإن الإله أعطاها رخصة أن تعاشر من تشاء جنسياً إلى أن يظهر المسيح ويتزوجها. وقد قابل تسفي سارة في القاهرة. وقام تسفي بخرق الشريعة عامداً عام 1648، فأعلن أنه المسيح، ونطق باسم يهوه (الأمر الذي تحرمه الشريعة اليهودية)، وأعلن بطلان سائر النواميس والشريعة المكتوبة والشفوية. ولتأكيد مسيحانيته، طلب أن تُزَفَّ التوراة إليه، فهي عروس الإله.

وقد رفض الحاخامات الاعتراف به، فطُرد من أزمير وتنقل في الأعوام العشرة التالية في مدن اليونان وقضى بضعة أشهر في

إستنبول. وقام بخرق الشريعة مرة أخرى إذ نظم أدعية أو ابتهالات تتلى في الصلوات للإله ليحلل ما حرم. وحينما زار القاهرة، انضم إلى حلقة من دارسي القبَّالاه كان من أعضائها رئيس الجماعة اليهودية، روفائيل يوسف جلبي، مدير خزانة الدولة. ثم رحل إلى فلسطين عام 1662. وقد بشَّر به اليهودي الإشكنازي نيثان الغزاوي عام 1664، على أنه الماشيَّح الصادق الموعود، وأنه ليس مجرد المسيح ابن يوسف، وإنما هو المسيح بن داود نفسه. وأعلن نيثان أنه هو نفسه النبي المرسل من هذا المسيح، وكتب عدة رسائل لأعضاء الجماعات اليهودية يخبرهم فيها بمقدم المسيح الذي سيستولى على العرش العثماني ويخلع السلطان، هي من الأفكار الأساسية في "القبَّالاه".

دخل شبتاي القدس في مايو عام 1665، وأعلن أنه المتصرف الوحيد في مصير العالم كله، وركب فرساً (كما هو متوقع

من المسيح) وطاف مدينة القدس سبع مرات هو وأتباعه، وقد عارضه الحاخامات وأخرجوه من المدينة. ولكن تسفي أعلن عام 1666 أنه سيذهب إلى تركيا ويخلع السلطان. وقد زاد ذلك حدة الحماس الديني بين يهود أوربا. وقد وصلت الأنباء إلى لندن وأمستردام وهامبورج. وصارت الجماهير اليهودية تحمل بيارق المسيح في بولندا وروسيا.

ومما يجدر ذكره أن أهم مؤسسة يهودية في العالم آنذاك "مجلس البلاد الأربعة" اكتسحتها هذه الحمى فأرسلت مندوبين عنها للحديث معه والاعتراف به (ولم تصدر قراراً بطرده إلا عام 1670). بل إن بعض الأوساط المسيحية بدأت تؤمن بأن تسفي سيُتوج ملكاً على فلسطين. وحينما حاول حاخامات أمستردام الاعتراض على رسائل تسفي وما جاء فيها، كادت الجماهير تفتك بهم. ووصل الأمر حد أن بعض الأثرياء باعوا كل ما يملكونه استعداداً للعودة، واستأجروا سفناً لتنقل

الفقرّاء إلى فلسطين، واعتقد البعض الآخر أنهم سيُحملون إلى القدس على السحاب. وسيطرت الهستريا على الجماهير، فكان أتباعه يُغشَى عليهم ويرونه في رؤاهم ملكاً متوجاً. وانقسم كثير من الجماعات اليهودية بصورة حادة.

وقد سمى الحاخامات أتباع تسفي بـ "الكفار" لكن تسفي تمادى في دوره، وبدأ في توزيع الممالك على أتباعه، وألغى الدعاء للخليفة العثماني الذي كان يتلى في المعبد اليهودي، ووضع بدلاً من ذلك الدعاء له هو نفسه كملك على اليهود ومخلِّص لهم. وأخذ تسفي يضفي على نفسه ألقاباً يوقع بها رسائله. ومن هذه الألقاب:

"ابن الإله البكر"

و**"أبوكم يسرائيل"**

و**"أنا الرب إلهكم شبتاي تسفي"**.

وتوجه تسفي إلى إستنبول في فبراير عام 1666 حيث أقبض عليه. ويبدو أن السلطات العثمانية لم تكن تريد أية مواجهات مع أتباعه، ولذلك تم سجنه في قلعة جاليبولي المخصصة للشخصيات المهمة. وقد تحول السجن بالتدريج إلى بلاط ملكي لشبتاي تسفي، فكان يحتفظ بعدد كبير من الحريم. وكان "الحجاج" يأتونه من كل بقاع الأرض، وكتبت الأناشيد الدينية تسبيحاً بحمده، وأُعلنت أعياد جديدة وطقوس جديدة.

وفي سبتمبر من ذلك العام، جاء الحاخام القبالي نحميا من بولندا لزيارة شبتاي تسقي، وقضى ثلاثة أيام في الحديث معه رفض بعدها دعواه بأنه المسيح، بل أخبر السلطات التركية بأنه يحرض على الفتنة، فقُدم للمحاكمة فأشهر إسلامه وتعلَّم العربية والتركية ودرس القرآن. وأسلمت زوجته من بعده، ثم حذا حذوه كثير من أتباعه الذين أصبح يُطلَق عليهم اسم "دونمه". لكنه، مع هذا، لم يقطع الأمل في

أن يستمر في قيادة حركته، وظل كثير من أتباعه على إيمانهم به، لأن المسيح في التصور القبَّالي. وقد نقل العثمانيون تسفي في نهاية الأمر إلى ألبانيا حيث مات بوباء الكوليرا عام 1676.

وفي زيارته للقاهرة تعرف شبتاي على اليهودي روفائيل يوسف جلبي الذي كان مديرا للخزانة المصرية ورئيسا للطائفة اليهودية في مصر. وقد آمن جلبي بشبتاي وأغدق عليه الأموال. ثم ذهب شبتاي إلى فلسطين وبعد أن قضى هناك فترة قصيرة عاد إلى القاهرة وتزوج سارة التي كانت تزعم أنها "خلاص اليهود"، وقد تعرفا على يهودي ألماني اسمه ناتان بنيامين هاليفي زودهما بوثيقة تؤكد أن شبتاي هو المسيح المنتظر.

وقد انتهى الأمر بإهدار دم ناتان وشبتاي لكن أحدا لم يجرؤ على الاقتراب منهما بسبب كثرة مريدي شبتاي تسفي الذين عرفوا لاحقا باسم "الدونمة". وعندئذ جرؤ

تسفي على إعلان أيديولوجيته الحقيقية وتمثلت في تقسيم العالم حسب "التعاليم الجديدة" إلى ثمان وثلاثين منطقة وعين لكل منها حاكما "ملكا" وهذا التقسيم في الحقيقة هو تقسيم الماسونية للعالم.

دولة الدونمة الخفية

وفرقة الدونمة التي أسسها شبتاي تسفي من الفرق الباطنية المثيرة للإهتمام، ونشأت على أساس من الفكرة المسيحانية في اليهودية، وظهرت الفرقة في تركيا في القرن السابع عشر الميلادي، وأعضاؤها يعتبرون أنفسهم مجموعة مختارة متميزة وتابعوا تسفي في تظاهره بالإسلام. وفي منتصف ثمانينات القرن السابع عشر الميلادي، أظهر ما يقارب ثلاثمائة عائلة من أتباع شبتاي إسلامها في سالونيك ـ اليونان، ثم هاجر أكثر من كان في تركيا منهم إليها، فأصبحت سالونيك منذئذ المركز الرئيس لهذه الفرقة .

وعقيدة الدونمة واحدة من أغرب العقائد ووجه الغرابة فيها أن أتباعها التزموا ظاهرًا واختيارًا بالشعائر الإسلامية التي لا يؤمنون بها، وآمنوا باطنا بمعتقدات يعتقدونها ولا يظهرونها للناس، وهم رغم التزامهم الظاهري بالمعتقدات الإسلامية فإنهم يمقتون الإسلام. وقد ظلت عقائد الدونمة ردحًا طويلاً من الزمن سرًا من الأسرار لا يعرفها إلا هم، وبقي الناس لا يميزون بين الدونمة وبين غيرهم من المسلمين، وكيف يميزونهم وهم يؤدون ما يؤديه المسلمون ويتسمّون بما يتسمّون به من أسماء. وقد بقي الدونمة 250 سنة يعيشون خلف جدار سميك في معزل عن الناس في مجتمعهم في سالونيك. وطوروا عقيدتهم من خلال حياتهم السرية، وعن طريق تقاليدهم الخاصة وأعرافهم الدينية الغريبة، وبطريقة سرية تمامًا. ولم تبدأ أسرار هذه الفرقة تنكشف إلا في بداية القرن العشرين.

وحسب ما ذكره شبتاي لأحد الحاخامات قبيل وفاته بسنتين فإنه في أحد الليالي من عام 1648 هبط عليه "الروح القدس" عندما كان يتمشى في الليل، على بعد ساعتين من المدينة، حيث سمع صوت الله يقول له: **"أنت مخلّص إسرائيل، أنت المسيح، ابن داود المختار من قبل رب يعقوب، وأنت المقدّر لك إنقاذ إسرائيل وجمعهم من أركان الأرض الأربعة إلى أورشليم"!!!!.**

حقيقة الماضى السرى للمغامر المصري حافظ نجيب بطل مسلسل "فارس بلا جواد"

لا يجادل أحد في أن الأشكال التنظيمية السياسية الغربية التقليدية ما زالت إلى حد بعيد ضيفاً جديداً على ثقافتنا السياسية التي خرجت من ميراث العهد العثماني تتنازعها أشكال التنظيم القديمة ودعوات الإصلاح السياسي التي تستلهم التجربة الغربية. لكن العهد العثماني قبل أن يودعنا كان قد ترك في تربة السياسة العربية بذرة لم تزل تثمر حتى الآن هي "**التنظيمات السرية**" وكثير من هذه التنظيمات بدأ دعوة للإصلاح تهرب من القمع الأمني للدولة العثمانية وبعضه جاء استلهاما لتجربة المحافل الماسونية في الغرب وكثير منها قام بالدور الرئيس في بناء الدولة الوطنية

الحديثة في بلادها وأشهرها دور المحفل الماسوني الإيطالي في تأسيس الدولة ودور المحفل الماسوني الفرنسي في الثورة الفرنسية.

مؤتمر أم القرى

من الأدبيات المهمة في تاريخ حركة الإصلاح العربية كتاب "أم القرى" لعبد الرحمن الكواكبي الصادر عام 1898. واختار الكواكبي لدعوته الإصلاحية صوره مؤتمر عالمي للإصلاح شارك فيه أشخاص من عدة دول بالعالم الإسلامي.

ومباحث كتاب الكواكبي مداخلات ومناقشات قدمها المشاركون في اجتماع دعا إليه "السيد الفراتي" ويفترض أنه الكواكبي نفسه. والاجتماع تم في دار استأجرها كما يقول في حي متطرف في مكة "باسم بواب داغستاني روسي لتكون مصونة من التعرض، رعاية للاحتياط"، وهذه الرغبة في التحوط والتخفي أصبحت سمة من سمات الواقع السياسي العربي حتى الآن. ومن الأمور

60

المثيرة التي تستحق التوقف حالة من الغموض حول ما إذا كان الاجتماع حقيقيا أم خياليا، وبالتالي هل هو تنظيم سري أنشأه الكواكبي ولم يكشف عنه؟

ويعبر الباحث المعروف الدكتور وجيه كوثراني عن هذا الغموض قائلاً: "**وسواء كان هذا الاجتماع ومذكراته هي من تأليف الكواكبي وتصوراته، عندما كتب مخطوطته وهو في حلب (كما يرجح الباحثون) أو كان قد جرى في مكة فعلاً كما توحي واقعية الوصف فإنّ النص يملك دلالات واقعية**".

والحضور جميعاً مذكورون بأسماء كودية وهم وفقاً للتعداد الوارد في النص:

الفاضل الشامي

البليغ القدسي

الكامل الإسكندري

العلاّمة المصري

المحدث اليمني

الحافظ البصري

العالم النجدي

المحقق المدني

الأستاذ المكي

الحكيم التونسي

المرشد الفاسي

السعيد الإنكليزي

المولى الرومي

الرياضي الكردي

المجتهد التبريزي

العارف التتاري

الخطيب القازاني

المدقق التركي

الفقيه الأفغاني

الصاحب الهندي

الشيخ السندي

الإمام الضني.

وتعكس مداولات الحضور سمة لم تتغير حتى هذه اللحظة في رؤية **"رجال الظل"** في الواقع السياسي العربي وأعني بها الرغبة في التحالف مع السلطة لفرض التغيير من أعلى ويعيدنا هذا إلى مقولة المفكر التونسي المرموق أبي يعرب المرزوقي عن **"البهائية المتخفية والتحديث الاستبدادي".** يقول الكواكبي: **"ومن المأمول أن تكون الحكومات الإسلامية راضية بهذه الجمعية، حامية لها"**

والسؤال: ما دلالة أن تكون فصول مهمة من تاريخنا الحديث محوطة بهذا الغموض؟

<u>في عالم نجيب محفوظ</u>

من الأعمال المهمة لروائي نوبل نجيب محفوظ مجموعة قصصية ممتعة عنوانها **"التنظيم السري"** وفي ثناياها الكثير من

63

سمات رجال التنظيمات السرية، فضلا عن جانب غير قليل من تقاليدها. وفي القصة التي تحمل العنوان نفسه يقول واصفا هذه الأجواء على لسان أحد شخصياتها:

"ومر بي نهار لم يمر بي مثله في حياتي. كمن يبدل لحمه وخلاياه وروحه. كمن يولد في دنيا جديدة ذات قوانين جديدة. كمن يودع الطمأنينة واللامبالاة ليستقبل المغامرة والموت. لم يبق لي من الماضي إلا الاسم، وحتى هذا سرعان ما تغير وفي المساء انعقد أول اجتماع للأسرة في بيت صغير بمصر القديمة. كنا خمسة، وعلى رأسنا الصديق القديم المرموز له بـ "أ". ولم لا؟ لقد أصبحنا رموزاً لتحقيق أهداف".

وبهذه الرموز وفكرة الميلاد الجديد تستعير التنظيمات السرية دور الطقوس من الأديان لتضفى القداسة على عضويتها وتحقق للباحثين عن الإثارة والإحساس بالأهمية

الاستثنائية أهدافهم، ويصبح رجالها مجرد "رموز"!

نجيب محفوظ يرسم أيضا صورة للأجواء الأسطورية والأفكار الغيبية التي تنطوي عليها أدبيات التنظيمات السرية، وهي سمة لا تختلف بين التنظيمات العلمانية والدينية. يقول محفوظ على لسان زعيم التنظيم السري: **"أرحب بكم في أسرتنا التي جمعتنا على الخير، هي التي أخرجتنا من العبودية وطهرتنا من عبادة الأصنام، فلنجعل من الكمال زينتنا، ومن الحب رابطتنا ومن الطاعة شعارنا، ولنعمل في نطاق ما نعرف ولا نسأل عما لا نعرف، واحذروا فلا خطأ يمر بلا عقاب"**. وفي إطار الطبيعة الحديدية للتنظيم ـ حسب قصة التنظيم السري لنجيب محفوظ ـ واصفا طبيعة العلاقة مع الرئيس الأعلى للتنظيم: **"تتسلل إلينا أوامره من مثواه المجهول عبر مندوبين مجهولين كذلك"**..

مغامرة جافظ نجيب الكبرى

ومن قصص "**دولة التنظيم السري**" المثير في تاريخنا القريب ما رواه المغامر المصري حافظ نجيب في كتابه "**اعترافات حافظ نجيب**" (الذي اكتشفته وقمت بإعادة نشره **عام 1996**) عن نجاحه في اختراق سلك الرهبنة في الكنسية القبطية الأرثوذكسية (رغم أنه مسلم) لتنفيذ مخطط سياسي!!

تبدأ أحداث "**اعترافات حافظ نجيب**" في حياة والده محمد نجيب، كان طفلاً صغيرا يذهب مع أبيه ليلهو أمام محله التجاري بمنطقة الأزهر، وذات يوم وهو يلعب عبر الشارع جريا وراء لعبة فرت منه فكاد "حنطور" أن يدوسه. وتوقف "السايس" بسرعة ونزل ليأخذ الطفل في العربة ويمضي. وخرج والد محمد نجيب وجيرانه يجرون وراء العربة وينادون "التركي" ليترك الولد.

سارت السيارة حتى وصلت قصراً بمنطقة السيدة زينب، ودخلت القصر الذي كان محاط بنفق ملئ بالماء يشكل مانعاً يحمي

القصر عليه جسر متحرك. ووصل الجمع ووقفوا يصيحون، وبعد قليل استدعي والد الطفل لمقابلة صاحب القصر الذي أبلغه أن هذا الطفل نعمة عظيمة من الله لم يصنها، وعليه قرر الباشا التركي أن يأخذه ليربيه !! ورفع الأب صوته معترضاً مهدداً بأنه سيشكو للخديوى، وكان عقابه الجلد والطرد.

في بيت الباشا التركي عاش الأب حياة النخبة الأرستقراطية التركية وأدخل الجيش وألحق بحرس الخديوي. وجاءت النهاية التي بدت سعيدة عندما قرر الباشا التركي أن يزوجه ابنته ، ولم تطل أيام السعادة ، ففي أحد الأيام عاد الأب للقصر مخمورا وبدلاً من أن يدخل غرفة نومه دخل غرفة الباشا وزوجته وأهانهما إهانات شديدة وهو مخمور. وجاء رد فعل زوجة الباشا شديد العنف. فقررت فورا طرد زوج ابنتها ونفذ القرار فوراً.

وعندما ولد حافظ نجيب وضعته جدته مع أسرة الجنانيني في مسكن صغير ملحق

بالقصر لا يعرف إلا أن هذه أسرته ، وكانت أمه الحقيقية بالنسبة له بنت سيد القصر لا أكثر ، ولم يكن أحد يتخيل أن تبلغ الرغبة في الانتقام بزوجة الباشا حد أن تأمر ابنتها بأن تعيش مع الخدم عقابا على حزنها ، وأن تعمل – وهي كفيفة – في تزويد الفرن بالحطب. وكان لموكب مولد السيدة زينب مهابة كبيرة وانشغل به سكان القصر إلا أم حافظ التي كانت على موعد مع الموت فأمسكت النار بملابسها وهي وحدها والأصوات صاخبة فلم يسمع استغاثتها أحد.

استدعى حافظ نجيب طفلاً صغيراً للمشهد المخيف وعرف أمه لحظة وفاتها. وتوالت المفاجآت فقبل أن تدفن أمه مات جده وخرج النعشان معا وقررت زوجة الباشا أن تحاول التكفير عن غلطتها فاحتضنت حفيدها وأصبحت لا تكاد تفارقه ، ولم يهنأ حافظ بالاستقرار.

فجاء القصر محضر يبلغ الهانم بضرورة الحضور للمحكمة لأن والد حافظ يطلب ضمه لحضانته ، وعاد بركان الغضب للانفجار فسبت الفلاح الذي يريد أن يوقفها في المحكمة ، وأمرت المحضر أن يأخذ الطفل ولما رفض كان نصيبه الجلد فحمل الطفل مكرها ، وغادرت هي مصر بلا عودة .

من القصر إلى المغامرات

كان الأب قد تزوج في السودان سيدة سودانية وأنجب منها أبناء لم يلقوا من أمهم أي عناية ، كما أنه اشترى جارية أخرى لا تقل عن زوجته إهمالا وأصبح حافظ من "أطفال الشوارع". ومر حافظ بتجربة أخرى، إذ أحيل أبوه للاستيداع من الجيش والتحق بالشرطة وطاف مديريات الصعيد، وسجل جوانب شديدة الثراء من الحياة الاجتماعية آنذاك. وتأثر حافظ في هذه الفترة بقلة دخل أبيه الذي أراد أن يوفر كل ما كان يدفعه للإنفاق عليه بتأثير من زوجته الجديدة. وحانت الفرصة

عندما أعلن عن افتتاح مدرسة عسكرية جديدة يميزها أنها داخلية (توفر الإقامة) ومجانية.

وألحق حافظ بالمدرسة وهو صبي صغير فاعتصرته المدرسة وصنعت منه إنساناً آخر وتركت الحياة العسكرية وقوانينها الصارمة بصمات غائرة في نفسه. في بداية القرن العشرين كانت التوسعات العسكرية المصرية البريطانية المشتركة قد انتهت وتقرر تخفيض قوة الجيش المصري فأصبح حافظ طالبا مزمنا لا ينتظر له أن يتخرج ويلتحق بالجيش، وقبل أن يستولي عليه اليأس شهدت حياته المنعطف الأكبر، إذ تعرف إلى سيدة روسية مرموقة هي البرنسيس فزنسكي وكانت زوجة لديبلوماسي بريطاني (سفير بريطانيا في تركيا).

لفت حافظ نظرها في زيارة لها للمدرسة وعرضت عليه أن يبدأ بداية جديدة في أوروبا واصطحبته لتركيا لتلحقه بالجيش التركي ثم تضمه إلى "**الفرق الأجنبية**" .

في عالم الجاسوسية

تعلم الشاب أصول "الإتيكيت" ثم السفر إلى باريس فالتحق بمدرسة الحرب "البولتكنيك" ، ثم بالجيش الفرنسي. وفي هذه المرحلة بدأت بينهما **"علاقة خاصة"** امتدت لسنوات وكانت بداية دخوله عالم المرأة الذي شارك بنصيب وافر في صياغة مستقبله المضطرب. وألحق حافظ بالجيش الفرنسي المحتل في الجزائر وخدم مع الجنرال جورو، ثم أبلغه جورو أنه رشحه للخدمة في **"المكتب الثاني"** المخابرات الفرنسية. وشارك عالم المخابرات في صقل شخصيته بشكل ملموس، وبعد إكسابه المهارات اللازمة تم تدريبه ليكون خادما أخرس، وهي الشخصية التي تنكر فيها في المهمة الوحيدة التي كلفته بها المخابرات الفرنسية.

أرسل حافظ نجيب متنكراً ليعمل في ضيعة سيدة في ألمانيا بهدف التجسس على أسرار عسكرية، وخالف حافظ التعليمات التي

71

تحكم جمع المعلومات فقبض عليه متلبسا. ولخوفها من أن يسبب فضيحة هربته فرنسا من السجن فأعيد إلى باريس ومنها لمصر.

عاد حافظ إلى مصر بلا عمل ولا مال ، ولم تكن أسرته لترحب به فعاش فترة عصيبة في منزل أبيه بمدينة قليوب. ومصادفة قرأ في إحدى الصحف خبر عودة فزنسكي لمصر فذهب إليها وبدأ فصل جديد من حياته صنع شهرته، قررت أن تفتح لحافظ نجيب شركة ليتاجر في البورصة وأسستها له برأسمال كبير فأصبح صاحب ثروة كبيرة.

مسلم في سلك الرهبنة

وبعد قصة حب فاشلة كانت التجربة قاسية على حافظ جداً فلجأ للخمر وخشي أن يدمنها فهرب للقراءة، وكان من بين ما قرأه قصة فتاة فرنسية أحبت ملكا ومنعهما اختلاف المذاهب من الزواج فهربت للدير. وأعجب حافظ بالفكرة وكان مما شجعه عليها أنه لم يشعر يوما بأنه ملتزم دينيا ، فلم يجد غضاضة

72

في أن يعيش داخل الدير كمسيحي وهو مسلم بالميلاد. وهو يتحدث في هذا الجزء حديثا مشوشا عن جمعية سرية كلفته بمهمة دخول الدير ليصل لمنصب أسقف الحبشة ليكون وصوله إليه وسيلة لموازنة النفوذ البريطاني في المنطقة.

بدأت رحلة الرهبنة بدير وادي النطرون (غرب الدلتا) وكان الزعيم مصطفى كامل آنذاك يعاني مرضه الأخير – وهو أحد أطراف الجمعية السرية المشار إليها – وكان حافظ نجيب يغادر الدير لمهام تتصل بالرهبنة فكان يشترى الجرائد ويقرأها ثم يتخلص منها. وفي هذه المرحلة يتحدث حافظ نجيب عن مراسلات سرية كانت تأتيه من الجمعية السرية نفسها ، وكان يحرقها بعد قراءتها.

وبعد مغامرات كاد فيها بعض الزوار أن يكشفوا شخصيته الحقيقية غادر حياة الرهبنة نهائيا. ونظم مؤتمراً كبيراً للوحدة الوطنية بشخصيته المسيحية بتمويل من محمد

بك فريد. ولم تكن شهرته على هذا النحو تخلو من مخاطر.

والمثير أن حافظ نجيب يكشف بوضوح عن مخطط تم بالتنسيق مع الزعيم الوطني محمد فريد يقول حافظ إنه عرض الأمر على بعض الزملاء المشتغلين بالسياسة من منشئي النهضة الوطنية فحبذوا رأيي، وقال أحدهم:

"يجوز آن يكون الدير وسيلة لذهابك إلى الحبشة فى منصب مطران الحبشة، وذلك البلد لا يزال مستقلاً، ومنصب المطران هناك منصب عظيم جداً، واحترام الأحباش للجالس على كرسي المطرانية أعظم من إجلالهم للجالس على العرش".

وقال الثاني وهو على فراش مرضه الأخير:

"وفى مقدور المطران المثقف ثقافة عالية أن ينشئ هناك جيشاً يعلم ضباطه فى

النمسا أو ألمانيا، فيصير فى مقدوره اغتصاب السودان وإنقاذ مصر من المحتلين".

وقال الأول: **"هذا سر خطير .. فاحتفظ به لنفسك، ولا تيسر لأي صديق معرفته".**

وبعد طرده من الدير ذهب إلى منزل محمد فريد فطرده قائلا: **" لقد ذهبت إلى الدير لتختفي فيه وتعتزل العالم وقتا طويلا لينساك الناس ولتصل من الدير إلى الهدف الذي تهدف إليه ، فمن الحماقة التي لا تغتفر ما فعلت لأنه أحدث ضجة تمنعك من البقاء فى الدير " ...**

عندما يختبئ "العفريت" في المخابرات العسكرية!

من النماذج الشهيرة لظاهرة **"دولة التنظيم السري"** أن يختبئ الشبح في جهاز أو أكثر من الأجهزة السيادية حيث تكون الرقابة عسيرة، وفي دول العالم الثالث غالبا تنعدم!

ولعل التشبيه الأقدر على تقريب الصورة للقارئ هي صورة المرض الذي تسبب في وفاة الملك حسين بن طلال ملك الأردن السابق: **"سرطان الغدد الليمفاوية"**، حيث يصبح استئصال العدو المصاب

السرطان مستحيلا، وفي هذا النموذج يكون الجزء السيادي الدولة المخبأ الأفضل للدولة الشبح التي تمسك بخيوط السلطة الحقيقية، ومن الشروط الموضوعية لوجود هذا النمط من "**دولة التنظيم السري**" وجود ثقافة وطنية متشددة تقدس "**الدولة**" ولا تكاد تتوقف عن التخويف – عبر إعلامها ومناهجها التعليمية – من المخططات الخارجية التي تستهدف "**هدم الدولة**"!.

ولكي يتمكن أي كيان سري منظم من العمل بحرية تامة لتحقيق مستهدفاته يلح – غالبا – على سرية ميزانية المؤسسات السيادية، وبخاصة المخابرات والجيش. ولعل من المفيد هنا التذكير بأن الفريق أمين هويدي – رحمه الله – طالب من على منصة "**مؤتمر الحق في التعبير**" الذي نظمته جمعية مصر للثقافة الحوار عام 1998 بمطلب ما زالت قوى سياسية مصرية، في القرن الحادي والعشرين، تزايد فيه بشكل مكشوف. لقد طالب

الفريق أمين هويدي بوضوح شديد برفع حجاب السرية عن ميزانية الجيش المصري. وغني عن البيان أن الرجل، فضلا عن مكانته كمثقف مصري كبير، هو الوحيد في تاريخ العسكرية المصرية الذي جمع بين منصبي وزير الدفاع ومدير المخابرات في آن واحد.

<u>عبد الحميد الإبراهيمي يتكلم</u>

من الشهادات المهمة على "**جمهورية المخابرات العسكرية**" شهادة عبد الحميد الإبراهيمي رئيس الوزراء الجزائري الأسبق، فعلى شاشة قناة الجزيرة وفي حلقة (2009/10/3) من برنامج "**زيارة خاصة**" للإعلامي المتميز سامي كليب **كشف** عن جانب من عالم الدولة الخفية في الجزائر. وحسب الإبراهيمي فإن كل الاغتيالات الكبيرة في الجزائر نفذها من يسمون بضباط حزب فرنسا وهم في مراكز مهمة بوزارة الدفاع والاستخبارات العسكرية وهم الذين يصدرون الأوامر.

وتعود أول فصول القصة إلى فرارا فرنسيين كانوا مجندين في جيش الاحتلال الفرنسي من خدمة الاحتلال والانضمام للثوار في مرحلة متأخرة من عمر الاحتلال الفرنسي، أي أنهم قفزوا من السفينة الفرنسية في الجزائر قبل غرقها بقليل. وحسب الإبراهيمي أدرك هولاء أنهم **"لا يستطيعون تحقيق مبتغاهم بوسائلهم الخاصة، ولهذا اعتمدوا في البداية على كريم بالقاسم الذي كان آنذاك وزيرا للقوات المسلحة قبل أن يتحولوا بعد ذلك إلى خدمة العقيد هواري بومدين غريم كريم بالقاسم"**.

والاغتيالات كانت كثيرة في تاريخ الثورة ثم خلال وبعد الاستقلال في الجزائر، فمن بعض قادة الثورة وصولا إلى الرئيس الراحل اغتيالا محمد بوضياف دفنت أسرار كثيرة مع جثث القتلى والشهداء وضحايا الاغتيالات. ويكشف الإبراهيمي عن تضخم نفوذهم إلى حد اغتيال الرئيس الجزائري

السابق هواري بومدين الذي مات مسموما على يد عبد المجيد علاهم وهو رئيس التشريفات الخاص بالرئيس بومدين.

وفي وصف دقيق لشخصية هواري بومدين يقول الإبراهيمي إنه:

"كان متكتماً بارداً يقظاً حذراً صارماً سلطوياً شديد الذكاء يتمتع بذاكرة ممتازة، لا يؤمن لا بالديمقراطية ولا بفضائل الشعب ولم يكن يقبل النقد إطلاقاً، يهمل العامل البشري ويعتقد أن بالإمكان الحصول على كل شيء بواسطة المال، لم يكن لديه أي احترام للفرد ويحب أن تمحى شخصيات المسؤولين السياسيين المحيطين به".

وفي وصفه لرئيس وزراء جزائري سابق يقول إنه: "شخص غريب يتميز بخليط فصامي من السلطوية والصرامة والغرور والضغينة والغطرسة، إنه مفسد"، وفي يد هؤلاء وأمثالهم سقط مصير القسم الأكبر من العالم العربي خلال السنوات الستين الماضية.

ويروي الإبراهيمي أن بومدين كان يقرأ كتاب الفيلسوف الألماني الشهير فردريك نيتشة **"هكذا تكلم زرادشت"** ثم يقول: صدقت!

وكما فعل كثير من الطغاة القادمين من الظل في حقبة ما يعرف بـ **"التحرر الوطني"** جعل بومدين جيش الجزائر تحت إشراف حوالى 15 ضابطا من أدنى الرتب في الجيش الفرنسي، وكان الأنشط بينهم العربي بالخير، خالد نزار، مصطفى شلوفي، بن عباس غزيّل، سليم سعدي، محمد تواتي، محمد عماري، وكان لهذه المجموعة قائدان هما عبد القادر شابو وسليمان أفمان. وكان السبب الرئيس لهذا السلوك التخريبي الذي يتناقض تمام التناقض مع التغني الدائم بالجيش ومكانته بوصفه أيقونة الوطنية أن بومدين **"كان يهاب أي ضابط عنده توجه عروبي إسلامي ويعتبره خطرا عليه"**، وفي كل التجارب التي حاول فيها عسكر التحرر الوطني جعل الإسلام

82

"ثمرة محرمة" صد رجال الظل ودخل النفوذ الغربي أمريكيا كان أو أوروبيا.

ومع النفوذ الخارجي تتحول بعض المؤسسات السيادية في "**جمهورية المخابرات العسكرية**" إلى تنظيمات سرية مسلحة بالمعنى الحرفي تمارس الإرهاب دون مواربة، وغالبا تستعين بحليفها الغربي. وفي هذا السياق يروي الإبراهيمي قصة خطيرة حول "**تفجيرات باريس**" الشهيرة التي وقعت عام 1995. يقول رئيس الوزراء السابق:

"**إن شخصية فرنسية كبيرة أكدت لي عام 1996 أن الرئيس جاك شيراك بعث برسالة إلى الرئيس اليمين زروال – الجزائري طبعا – يقول فيها إن فرنسا لن تقبل بعد اليوم أن تنظم مصالح الأمن العسكري الجزائري اعتداءات في فرنسا كما حصل في مترو باريس وأمكنة أخرى**".

وذات يوم التقى الإبراهيمي مسؤولا فرنسيا كبيرا كان في منصب رفيع جدا في

وزارة الدفاع الفرنسية، وأخبرني عن مكالمة هاتفية مع شيراك، قال لي شيراك أعطاني بنفسه التاريخ تحديدا في 1995 يعني بعد التفجيرات، جاء أمين زروال لسه ما كانش.. كان رئيسا معينا ولم ينتخب بعد، وقال له في المستقبل لا نقبل على الإطلاق أن تقوم الجزائر أو استخبارات الجزائر بتفجيرات مثل التي قمتم بها في باريس. والغريب أنه لم تقع انفجارات منذ سنة 1995 حتى يومنا هذا.

ورغم أهميتها، فإن شهادة عبد الحميد الإبراهيمي ليست الوحيدة على تورط دولة التنظيم السري الجزائرية في الإرهاب، ليست الوحيدة إذ صدرت عدة مؤلفات مهمة لضباط جزائريين فضحوا فيها هذا الدور الذي قامت به أطراف جزائرية رسمية – عسكرية وأمنية – عبر الإرهاب المنظم في توفير الذرائع لاستمرار الصراع مع الإسلاميين في الجزائر، ولعل أشهرها **"من قتل في بن**

طلحة" لعبد الله يوس و**"الحرب القذرة"** لحبيب سوايدية.

ومؤخرا صدر كتاب جديد للصحافي الفرنسي جان باتيست ريفوار، عن شهادات جديدة يصعب التأكد منها، تتهم الأمن العسكري الجزائري بالتورط في مأساة قتل فيها رهبان وعررفت باسم "**جريمة تيبحرين**". ويعتبر هذا طعنا في الرواية التي تقدمها السلطات الجزائرية منذ البداية، والقائلة بأن إسلاميين هم الذين نفذوا عملية خطف واحتجاز الرهبان حسب محامي الأطراف المدنية بارتيك بودوان. ويستند كتاب "**جريمة تيبحيرين**"، الذي نشرته دار لا ديكوفرت، إلى تصريح بعض عناصر الأجهزة الجزائرية، وإسلامي قال إن عملية الخطف تمت بناء على أمر من مديرية الاستخبارات الخاصة (الأمن العسكري)، ونفذت بمشاركة إسلاميين. ويوجه ملازم سابق يدعى كمال، قيل إنه مقرب من قائد المركز الإقليمي للبحث والتحقيق في

البليدة، التهمة مباشرة إلى الأجهزة الجزائرية بتنفيذ عملية الخطف. ويقول الضابط إن مجموعة صغيرة من العناصر المندسة وافقت، نزولا عند طلب قادة الأمن العسكري، على تنظيم عملية الخطف مع نحو 15 إسلاميا حقيقيا كانوا يجهلون عملية التلاعب.

وقال كمال إن الهدف من ذلك كان التخلص من شهود مزعجين، وتحميل الإسلاميين المسؤولية، والضغط على فرنسا. ويبدو أن العملية تقررت مطلع مارس (آذار) 1996 خلال اجتماع عقد في المركز الإقليمي للبحث والتحقيق، بحضور الراحل اللواء إسماعيل العماري، قائد أكبر وحدة جزائرية لمكافحة التجسس. وحسب تصريحات إسلامي سابق كان عضوا في الكومندوز الذي خطف الرهبان، وروى تطويق الدير، وبعد ذلك مسيرة الرهبان، فإن الرهبان سلموا بعد أربعة أيام إلى إسلاميين يقودهم عبد الرزاق البارا، الذي قيل إنه مقرب من زيتوني، ويشتبه في

أنه كان عضوا مندسا من جهاز مكافحة التجسس. ويروي الكتاب أيضا شهادة عسكري منشق آخر قدم رواية جديدة لعملية الإعدام أكد فيها أن أحد عناصر الكومندوز كلف بتصفية الرهبان. وقد خطف الرهبان السبعة في مارس 1996 من ديرهم المعزول قرب المدية (80 كلم جنوب العاصمة الجزائرية)، وتبنت الجماعة الإسلامية المسلحة التي كان يتزعمها حينها جمال زيتوني، خطفهم واغتيالهم، ثم عثر على رؤوسهم مقطوعة بنهاية مايو. وقبل كشف تلك المعلومات أفادت شهادات ضباط جزائريين منشقين بغموض دور السلطات الجزائرية، واتهمت الجزائر بالتلاعب بالجماعة المسلحة التي تبنت عملية الخطف.

الظل الباكستاني الثقيل

عالم ما يسمى **"الخدمة السرية"** ورجاله عالم المتناقضات والصدمات والحقائق المدهشة، ومن مدهشات عالم الخدمة السرية الاتهامات بوجود علاقات تحالف بين أطراف

يفترض علنا أنهم أعداء، وقد حكى قيادي فلسطيني مخضرم كيف أن الرئيس السوفيتي السابق يوري أندروبوف – وكان مديرا للكي جي بي قبل وصوله للرئاسة – حذر الرئيس الفلسطيني الراحل ياسر عرفات من "الأكثر تطرفا"، مؤكدا أن عددا من التنظيمات الماركسية الأكثر تشددا كانت صنيعة للمخابرات الأمريكية!

وفي تفجيرات مومباي الدموية تراجع التحليل السياسي المبني على معلومات علنية ليتقدم بشكل ملفت الكشف عن أسرار مثيرة بكل معنى الكلمة، وبعض ما تردد كان تكرارا لمعلومات نشرت مرارا قبل أن يرحل الرئيس مشرف من منصبه، فالصلة بين المخابرات الباكستانية – وبالتحديد جناح فيها – كان موضوع تقارير أمنية وإعلامية طالما نفى محتواها المسئولون الباكستانيون، ففي سبتمبر 2003 ذهب تقرير للمخابرات الأمريكية إلى أن باكستان دعمت القاعدة وطالبان خلال

التسعينيات، وكشفت وثائق أعلنتها وكالة المخابرات الأمريكية التابعة لوزارة الدفاع الأمريكية البنتاجون أن باكستان ساعدت تنظيم القاعدة في عملياته بأفغانستان في التسعينيات وأنشأت معسكرا لتدريب أعضائه لهذا الغرض وقد قصفته أمريكا بعد تفجير سفارتيها في تنزانيا وكينيا عام 1998. فيما أنكر الرئيس الباكستاني أي علاقة لبلاده بالقاعدة وطالبان مؤكدا أن كل ما في الأمر أن السلطات الباكستانية استجوبت في سبتمبر 2003 ثلاثة ضباط باكستانيين لاحتمال ضلوعهم في مساعدة طالبان والقاعدة.

وفي زيارة له إلى لندن عام 2006 أثيرت القضية مرة أخرى عبر تقرير مخابراتي تسرب يتهم باكستان بدعم القاعدة وطالبان مرة أخرى، واتهمت الوثيقة التي صدرت عن مركز أبحاث تابع لوزارة الدفاع جهاز المخابرات الباكستاني بدعم متشددي القاعدة وطالبان في أفغانستان بشكل غير

مباشر. وأشار إلى انه يتعين تفكيك جهاز المخابرات الباكستاني وأنه يجب على مشرف نفسه أن يستقيل!!!

والطريف أن التقرير الذي تنصلت منه الحكومة البريطانية تحقق ما فيه حرفيا، فالرئيس الباكستاني استقال – وهذا معروف – أما غير المعروف فهو أن الجناح المتشدد داخل المخابرات الباكستانية الذي طالما اتهم بدعم طالبان والقاعدة تم تفكيكه قبل أيام من الانفجار، ولا يحتاج الأمر كثير تفكير للاهتداء إلى صلة محتملة بين الواقعة وتفجيرات مومباي.

القصة كما روتها **الفايننشيال تايمز** البريطانية (25 – 11 - 2008) كانت عملية تفكيك **"دولة داخل الدولة"** والوصف كان يُطلق على الجناح السياسي في جهاز الاستخبارات الباكستاني الداخلي، فمن خلاله كان الجيش يفرض سيطرته على البلاد سياسيا وعسكريا، بحسب **"فايننشال تايمز"**.

والحكومة الباكستانية فككت ذلك الجناح، صاحب النفوذ القوي على الصعيدين المحلي والدولي؛ لإضعاف تأثير الجيش في العملية السياسية ووقف تدخله في تشكيل وتقويض الحكومات فبعد أن بسط هذا الجناح نفوذه شيئا فشيئا صار يتحكم في عملية تشكيل الحكومات الباكستانية وإسقاطها. وقد أوكلت إلى العاملين به مهاما جديدة في قسم الاستخبارات المضادة داخل الجهاز.

والوصف الأبلغ لهذا الجناح هو قول شاه محمود قريشي وزير الخارجية الباكستاني في بيان رسمي إنه كان **"جناحا قويا وله ثقله"**، ولعل من المفارقات الملفتة أن يكون من اتخذ القرار هو نفسه زوج السيدة التي اتهم هذا الجناح باغتيالها، فقد اتهم حزب الشعب الباكستاني صراحة شخصيات بارزة في الاستخبارات الداخلية الباكستانية بالتورط في مقتل رئيسة الوزراء الباكستانية السابقة وزعيمة حزب الشعب "بنظير بوتو". وما إن

حدثت التفجيرات الدموية حتى كان الربط متوقعا، وأكتفي بـ "**عينة**" واحدة هي قول مصباح الله عبد الباقي، الخبير في الشأن الباكستاني إن أيدي مخابراتية باكستانية ضالعة، ورجح عبد الباقي أن "**يكون قد سهل تنفيذ الانفجار عناصر داخل جهاز المخابرات الباكستانية أرادت أن توصل رسائل إلى الحكومة**".

الجديد والأكثر إثارة جاء من موسكو التي بادرت بعد قليل من وقوع الانفجار إلى تأكيد مسئولة القاعدة عنه، لكن بعد أيام كشفت عن جانب آخر مختلف، فقد أكدت أجهزة المخابرات الروسية تورط داود إبراهيم تاجر المخدرات الهندي الكبير في هجمات مومباي حسب تصريحات لمدير الهيئة الفيدرالية الروسية لمكافحة المخدرات (**جريدة روسيسكايا غازيتا الروسية 9 – 12 – 2008**) وحسب المعلومات التي تتوفر لدى

الهيئة فإن داود إبراهيم سمح للمنفذين باستخدام **"شبكته اللوجيستية"!!** للتنفيذ

وداود إبراهيم مطلوب للعدالة بتهمة تنظيم سلسلة انفجارات هزت مومباي عام 1993 وبلغ ضحاياها حوالي الألف، وكان قبلها يترأس أقوى العصابات الإجرامية في بومبي. وهو الآن **"هارب من العدالة"**. وهكذا أصبحت الخيوط متشابكة بين المنظمات الإجرامية والجماعات الإرهابية وأجنحة متشددة في السراديب المظلمة لأجهزة استخبارات بعينها، و**"الخلطة الجديدة"** تنطوي على مخاطر شديدة، وبخاصة أنها ــ غالبا ــ تستغل مشاعر وطنية أو دينية عند الناس وتحاول إبقاء العلاقة مع **"الآخر"** ــ أي آخر علاقة صراع، وهذا هو الخطر الأكبر.

"المنشأة الإلهية": الكيان الخفى الذي أسسه القديس الفاسق!

في العام 2002 تم إعلان خوسيه ماريا إسكريفا قديساً، وأصبح عيده في السادس والعشرين من يونيو، وأسكريفا رجل دين مسيحي ما زال ظله حتى هذه اللحظة أحد أهم المعالم في المشهد السياسي في أسبانيا، وهو فضلا عن ذلك ــ أو ربما بسبب ذلك ــ أحد أهم رموز "دولة التنظيم السري" في التاريخ المعاصر. وقد وُصف في لوموند الفرنسية عند تطويبه بأنه **"قديس فاشي وفاسق"**!

الماسونية فى الفاتيكان

وقصة أسكريفا تمت استعادتها بشكل واسع في إسبانيا بعد انتصار الحزب الشعبي بقيادة خوسيه ماريا أزنار في إسبانيا في انتخابات 1994. وبهذا الفوز – حسب لوموند الفرنسية – تمكنت منظمة **"المنشأة الإلهية (اوبوس داي)"**، وهي نوع من الماسونية الكاثوليكية أسسها في العام 1928 المونسنيور خوسيه ماريا اسكريفا دو بالاغير، من استعادة السلطة شيئاً فشيئاً في إسبانيا خلال السنوات العشرة السابقة على هذا التاريخ.. وقد تولى الكثير من رموز "أوبوس داي" مناصب مهمة في الشركات والدولة. وهذا ما يفسر تجدد الاهتمام الذي أثاره نشر **"التقرير السري حول منظمة اوبوس داي السرية".**

التقرير وضع في 1943 وفيه وُصف اسكريفا بأنه **"مجدف"** ذو حياة غير مثالية، وصاحب **"أقوال وأعمال مليئة بالأفكار المبطنة"**، وهو **"في تدينه متفاخر متباكٍ، غير طبيعي** أبداً وصاحب مواقف مخادعة

95

ومتصنعة. وهذه الأوصاف التي تتنافى تمام التنافي مع أي معنى من معاني الورع والتقوى جزء من تقاليد **"دولة التنظيم السري"** حيث تلعب لأقنعة دور البطولة، وربما كان الدرس الأهم في هذه السطور هي أن الأفكار الباطنية أرض خصبة لنشوء التنظيمات السرية بمختلف أشكالها في الثقافات كافة.

وبإمكان القارئ أن يجد في بعض المؤلفات وفي سير القديسين التي نشرتها "اوبوس داي" شهادات مثيرة عن أعماله وتصرفاته. ونحن نملك آثاراً ليست أقل كشفاً لهذه الشخصية مع مقاطع من شرائط مصورة للقطات في سيارة كاديلاك سوداء في وضعيات مشبوهة. ويذهب مؤلف كتاب **"فوتريكوميدي"** إلى أن الشعارات الواردة في كتاب **"الطريق"** للقديس أسكريفا (ترجم إلى ما يزيد على 40 لغة)، تلقي ضوءاً جديداً على دلالات جنسية!

فالكتاب الأهم لمؤسس للأوبوس داي كُتب خلال الحرب الأهلية الإسبانية، ويشكل مديحاً للذهنية الفاشية وللديكتاتور الإسباني فرانسيسكو فرانكو الذي امتد حكمه بين عامي 1939 و1975. وفي الكتاب إشادة بـ **"الحماسة الوطنية"** في النضال ضد **"أشكال الليبيرالية البالية"**، وبهذا تعود **"إسبانيا إلى العظمة العريقة لقديسيها وحكمائها وأبطالها"**. وإذا وضعنا بعضا مفردات الخطاب الاستبدادي العربي الغرب عن **"الجرذان"** و**"الزنادقة"** و**"أعداء الشعب"**، و**"الأجندات الأجنبية"**.......فضلا عن التحريض السافر على الحريات أدركنا قدر تأثير هذه الحركة في الواقع السياسي العربي خلال العقود القليلة الماضية. **أما الأكثر غرابة في كتابات رجل الظل ''القديس أسكريفا''** فهو التلميحات الجنسية التي نكتفي منها بتعبير "المجون المقدس".

المنشأة الإلهية

الأب أسكريفا لم يكتف بالأفكار بل أسس ما أصبح يوصف بأنه أقوى الجماعات الكاثوليكية في العالم اليوم هي مجموعة "المنشأة الإلهية" (أوبوس داي) التي أسسها في إسبانيا وحظيت فيما بعد بالدعم المطلق من بابا الفاتيكان، ويعتبرها العديد من المراقبين بمثابة الحرس الأبيض الخاص بالبابا الراحل جان بول الثاني وخليفته. هي في الفاتيكان حرس سري مخصص لإعادة الانتشار وتجديد الكاثوليكية والتحكم في دواليب القرار السياسي. ويذهب بعض المحللين إلى أن هذا التنظيم المحكم يقف وراء نجاح الرئيس الفرنسي جاك شيراك أثناء فوزه بعمادة مدينة باريس، وردا للجميل، وافق على تعيين عدد من أعضاء الجماعة في حكومة آلان جوبيه سنة 1995.

وتأسست هذه الحركة السرية في مدريد بإسبانيا أولا على يد قس ـ الشاب آنذاك ـ خوسي ماريا إسيكريفا دولاباغير عام 1928،

وتشبه في علمها ومنهجها وهدفها منظمات كاثوليكية أخرى ظهرت في فرنسا وبلجيكا في الفترة نفسها، فترة شهدت صعود الاشتراكية السوفييتية والشيوعية المناهضة للدين والملكيات القديمة. ورغم المظهر "العلماني" للمنظمة، إلا أن رجال الدين ظلوا دوما هم الممسكين الحقيقيين بمقاليد الأمور. ساندت المنظمة الجنرال فرانكو أثناء الحرب الأهلية الإسبانية، معتقدة أنها حرب ضد الشر وضد الشيوعية لإنقاذ الكاثوليكية، واعتبرت المنظمة هتلر حليفا لها لوقوفه ضد الشيوعية.

وللخروج من الأزمة الاقتصادية في إسبانيا عام 1956، أحاط الجنرال فرانكو نفسه بوزراء منتمين لمنظمة **"المنشأة الإلهية"**، وعندما قرر أن يتخلى عن الحكم ويعيد العرش الإسباني، وكان وقتئذ تحت الرعاية التربوية للقس أنائيل لويز آمو. في سنة 1969 أعلن الجنرال فرانكو "خوان كارلوس" ملكا. شهورا بعد ذلك، تأكدت سيطرة المنظمة

السرية على القرار السياسي بتعيين 12 عضوا منها ضمن تشكيلة الوزراء التسعة عشر. وعلى إثر ذلك، أنشأ أعضاء المنظمة شبكة وطنية مالية استطاعت وضع يدها على مقدرات اقتصادية كبيرة في إسبانيا. ومن الشركات الكبرى التي تشكل بعض نسيجها الاقتصادي المالي شركة "ليما" التي أنشئت زيوريخ عام 1972، وارتبطت ببنوك ومؤسسات في إسبانيا (المؤسسة العامة للبحر الأبيض المتوسط)، وفي ألمانيا (مؤسسة الراين والدانوب، أو معهد ليدينتال) وفي أمريكا اللاتينية (المؤسسة العامة اللاتينية الأمريكية بفنزويلا).

ويؤكد جيزو إنفانتيه الكاتب الإسباني مؤلف **"المنشأة الإلهية"** أن المنظمة كانت وراء نجاح رئيس الوزراء السابق خوسيه ماريا أزنار، وأنها السند الأول له، وأنها ما تزال تسيطر على مفاتيح القرار السياسي والاقتصادي في إسبانيا، لذلك بادر خوسيه

ماريا أزنار إلى تعيين فيديريكو تريبو - عضو المنظمة رئيسا للبرلمان الإسباني رغم الفضائح المالية التي عرف بها. وإلى جانب هذا التعيين، اختار أزنار كلا من السيدتين إيزابيل طوسينو ولويولا دوبالاسيو المعروفتان بصلتهما الواضحة بالمنظمة السرية ضمن تشكيلته الحكومية. وحسب مراقبين إسبان ودوليين فإن **"المنشأة الإلهية"** في عهد أزنار كانت تتحكم في 20% من النظام السياسي الإسباني. ورغم سقوط الحزب الشعبي غداة تفجيرات مدريد يوم 11 مارس 2004، إلا أن المنظمة ظلت قوية ممسكة بكثير من خيوط القرار.

البابا اللغز!

ومن المحطات المهمة في تاريخ **"المنشأة الإلهية"** دخل الفاتيكان فترة باباوية البابا يوحنا بولس الثاني (أكتوبر 1978/ أبريل 2005). وحسب الكاتبين روبرت غراهام وتوني باربر فإن هذا البابا سيذكر

دائما لجهوده التي بذلها لاحياء الكنيسة الكاثوليكية ولدوره في المساهمة في اسقاط الامبراطورية السوفياتية. وقد ولد في بولندا عام 1920 وخلال الحرب العالمية الثانية خاض أولى تجارب **"العمل السري"**، وفي مؤشر آخر على صلة محتملة بين التصوف – وبخاصة الباطني – وبين ثقافة السرية بشكا عام فإن يوحنا بولس نال درجة الدكتوراه بأطروحة عن متصوف إسباني.

وقد لعب يوحنا بولس الثاني دوراً تاريخياً في الفاتيكان عندما قام بتعزيز نفوذ حركة **"المنشأة الإلهية"** جاعلاً إياها واحدة من أكثر القوى تأثيرا في السياسة الكاثوليكية المعاصرة. وفي سياق العودة القوية إلى الظهور العلني، بعد مرحلة من العمل السري، واختيارا لنهج النزول من الهرم السياسي الأعلى، جهز الفاتيكان "كتائب" دينية تسلسلت إلى أجهزة القرار السياسي والاقتصادي على حين غفلة، في عدة بلدان أوروبية، ومن هذه

الكتائب جماعة "كومونيون وليبرازيون" الإيطالية التي ولدت في سبعينيات القرن الماضي، وجماعة "فوكولاري" المولودة في 1943 بإيطاليا نفسها، وجماعة "نيوكاتيشو مينا" المؤسسة بمدريد عام 1964، و"ألوية المسيح"، وهي مجموعة موغلة في السرية أسست بالمكسيك في الأربعينيات. غير "المنشأة الإلهية (الأوبوس داي)" بقيت الأقوى!

وفي 1982، أي بعد أربع سنوات من انتخاب يوحنا بولس الثاني، اكتسبت المنظمة صفة ذاتية متميزة، تعدت فيها السلطة القضائية للأساقفة ورقي العديد من أعضائها إلى مرتبة الأسقفية وخصوصاً في الأبرشيات المهمة، والبعض رقي إلى رتبة كاردينال. وأكثر ما يظهر نفوذها هو في الادارة المركزية للكنيسة الكاثوليكية، حيث يحتل أعضاؤها مراكز مهمة في العديد من القطاعات ويستفيدون من "الترقيات" الداخلية،

وهي بالتالي لاعب رئيس عند اختيار أي بابا قادم للفاتيكان.

وتحرص المنظمة حرصا بالغا على سرية أعضائها، كما توصيهم بالحيطة والحذر في قوانينها الداخلية وتتشدد في إخفاء الانتماء مع الالتجاء إلى أسماء مستعارة داخلها، وجمعيات خارجية يستظلون بها للتمويه وممارسة نشاطهم بكل حرية. ولا يقتصر الأمر بفرنسا العلمانية مثلاً على استقطاب رجال القرار السياسي داخل المنظمة مثل رايمون بار الوزير، أو تعيين أعضاء المنظمة في مواقع إدارية وسياسية داخل الحكومة الفرنسية ودواوين وزاراتها، بل إن في المنظمة رجال المال والأعمال وأصحاب القرار الاقتصادي، مثل كلود بيبييار رئيس أكبر مجموعة مالية للتأمين "أكسا" (AXA)، وميشيل ألبير رئيس مجموعة التأمين "أ.غ.ف" (AGF) وديدييه بينو فالنسيان المدير العام لمجموعة شنايدر، ولويس

شويتزير رئيس المجموعة الفرنسية للسيارات "رونو".

وما هو أكثر من ذلك، أن عدداً كبيراً من أعضاء العائلات الملكية بأوروبا أظهرت تعاطفها مع "أوبوس داي"، مثل أودو أمير هاسبورغ والأرشيدوق لورنز (النمسا) الذي يحتمل أن يكون عضوا. أما الملك الإسباني خوان كارلوس، فقد تربى على يد قساوسة المنظمة، في حين أن سكرتير زوجته صوفيا ينتمي للمنظمة. وكذلك رئيس اللجنة الأولمبية خوان أونطونيو ساماراتش طوريلو الوزير السابق على عهد فرانكو.

ومن الوقائع المثيره أنه في 19 يونيو 2000، وبضغط من المنظمة منع خافيير سولانا السكرتير العام للاتحاد الأوروبي، محاضرة للكاتب الفرنسي تيري ميسان (صاحب كتاب الخديعة حول أحداث 11 سبتمبر) موضوعها خطر **"المنشأة الإلهية"**

على الحياة الديمقراطية والمؤسسات الأوروبية.

المنشأة من الداخل

والمنشأة الإلهية بالمصطحات السياسية "أصولية" إذ تسعى إلى "**سيادة التعاليم الإنجيلية والعودة إلى النصرانية الأولى كما هي موجودة في الإنجيل**"، وذلك وفق ضوابط تنظيمية دقيقة محكمة مع الاستفادة الكاملة من معطيات العصر الحديث، وتتلمس طريقها من خلال السيطرة على النواحي السياسية والاقتصادية والتربوية، ومصادر دخلها تعتبر سراً من الأسرار. المنظمة تأسست في 2 أكتوبر 1928، ويزعم مؤسسها أن ذلك تم بـ "**وحي إلهي**".

والهيكل التنظيمي لها يضم: المجلس العام، ويتألف من الرئيس والسكرتير العام والنائب العام وشخصيات من أربع عشرة دولة، وهو الذي يتخذ القرارات الحاسمة باعتباره أعلى سلطة في المنظمة بجميع

106

فروعها في العالم وبأقسامها الثلاثة: القساوسة والمدنيين والفرع النسائي. والقساوسة: وهي أعلى درجة يطمح العضو فيها ويرتقي إليها العضو النظامي وهي أعلى درجة في التنظيم. ويلي ذلك "**الناذر**" نفسه (القربان) ويقوم بنذر نفسه للمنظمة ويكرس حياته لها. والعضو غير النظامي، والمتعاون. وقد اعترفت الكنيسة الأسبانية بهذا الهيكل التنظيمي الأمر الذي دعم مكانتها وزاد انتشارها.

ولقي القديس المؤسس اهتماماً من الفاتيكان ما جعله يقرر الانتقال من أسبانيا إلى روما والإقامة هناك بشكل نهائي جاعلاً إياها المقر الرئيس للمنظمة. وتتركز قوة المنظمة في أسبانيا وفيها ثقلها الأساسي، فضلا عن إيطاليا والفلبين والمكسيك وفنزويلا في وكولومبيا وبيرو وتشيلي، وأخيراً في الأرجنتين ولكن بنسب متفاوتة، وكينيا في إفريقيا. وتملك المنظمة ما يزيد عن 50 محطة إذاعة، وشركات توزيع وإنتاج سينمائي

ومئات المطبوعات الدورية و38 وكالة أنباء
و13 بنكاً وشركات ومصانع وعقارات كثيرة.

المنظمة وأوروبا الموحدة

وتلعب "المنشأة الإلهية" دورا كبيرا
في مشروع توحيد أوروبا، وهو دور ثار
بشأنه جدل كبير، إذ تبنت في "مشروع
المعاهدة الدستورية" ما عرف بـ "حق
التدخل" لصالح الديانات، وهو مبدأ كان
يستهدف الاعتراف بالارث الديني في أوروبا
ليعطي مصداقية للديانات في الجو العام
الوروبي وليستدعي، بالتالي، التمييز بين
المؤمنين وغير المؤمنين. وقد كشف هذا الدور
عن وجود تنظيم من المناصرين للمنشأة
الإلهية في شبكات داخل المؤسسات الأوروبية.

وفي إطار المشروع الأوروبي "روح
لأوروبا" قدمت في العام 1998 مساعدة بقيمة
حوالى 10000 يورو لمركز تدريب فنلندي
كان لمشروع حول القيم الأخلاقية والروحية
في عملية الانضمام الى أوروبا. وللوهلة

الأولى لا يبدو أن هناك ما يستحق اللوم، سوى أن هذا المركز هو صنيعة للمنظمة التي تتمتع بنفوذ قوي في فنلندا ودول البلطيق، ومؤسسه المونسنيور فيليب جوردان عضو بها. وعموما، جعلت المنظمة أوروبا أولوية لها بناء على طلب ملح من روما. ففي العام 1993 سئل الناطق باسم لجنتها المركزية في رومانيا السيد جيوسيبي كوريغليانو هل كلّفكم الكرسي الرسولي بأي مهمة خاصة، فما كان منه إلا أن هتف: "أوروبا!"

وربما كانت الصفحة التي تعنينا أكثر من غيرها في تاريخ هذه المنظمة السرية حقيقة العلاقة بينها وبين نظام صدام حسين، ومدى تأثر تجربة "التنظيم الطليعي" الناصري بها؟

وبعد

فهذه ملاحظات أولية حول ظاهرة ومقولة جديدة في التحليل السياسي سنجعلها موضوعا لهذه السلسلة من الدراسات.

ممدوح الشيخ.. ..سيرة ذاتية

الاسم	:	ممدوح محمود محمد الشيخ علي
الشهرة	:	ممدوح الشيخ
تاريخ الميلاد	:	14 / 8 / 1967
الجنسية	:	مصري

** عضو اتحاد كتَّاب مصر.

** كاتب مقال رأي بالدوريات الآتية:

جريدة المستقبل (اللبنانية)

جريدة عمان (العمانية)

جريدة الدستور (المصرية)

مجلة الصوت الأخر (العراق)

أولاً: ترجمات في معاجم وموسوعات

** ترجمة في الطبعة الأولى من: "معجم البابطين للشعراء العرب المعاصرين". (مؤسسة البابطين – الكويت).

** ترجمة في الطبعة الأولى من: "معجم أدباء مصر" (الهيئة العامة لقصور الثقافة – مصر).

** ترجمة في الطبعة الأولى من: "الموسوعة الكبرى للشعراء العرب المعاصرين: 1956 – 2006" – إعداد وتقديم: فاطمة بوهراكة – المغرب – 2009 – برعاية الشيخة أسماء بنت صقر القاسمي.

** ترجمة في الطبعة الأولى من: "معجم الأدباء: من العصر الجاهلي حتى سنة 2002" – كامل سليمان الجبوري – دار الكتب العلمية – بيروت – الطبعة الأولى – 2002 م – 1424 هـ.

دراسات في الظاهرة الدينية

** **المسلمون ومؤامرات الإبادة** – مكتبة مدبولي الصغير – مصر – 1994.

** <u>الإسلاميون والعلمانيون من الحوار إلى الحرب</u>

الطبعة الأولى – دار البيارق – الأردن – 1999.

الطبعة الثانية – مؤسسة حمادة للدراسات الجامعية والنشر والتوزيع – الأردن.

** <u>البابا شنودة والقدس: الحقيقي والمعلن</u>
خلود للنشر – مصر – 2000.

** <u>الشعراوى والكنيسة: ماذا قال الأنبا للشيخ؟</u>

(طبعة إليكترونية – e-kutub.com - 2002 – لندن).

(طبعة إليكترونية – e-kotob.com - 2011).

** <u>الجماعات الإسلامية المصرية المتشددة في آتون 11 سبتمبر: مفارقات النشأة ومجازفات التحول</u> – مكتبة مدبولي – مصر – 2005.

114

** الإسلام في مرمى نيران العلمانية الفرنسية: ما وراء الحرب الأوروبية على الحجاب والنقاب – مكتبة بيروت – مصر/ سلطنة عمان – 2010.

** طارق البشري: القاضي.. المؤرخ.. المفكر.. وداعية الإصلاح – سلسلة أعلام الفكر والإصلاح في العالم الإسلامي – مركز الحضارة لتنمية الفكر الإسلامي – لبنان – الطبعة الأولى 2011.

** عبد الوهاب المسيري: من المادية إلى الإنسانية الإسلامية – سلسلة أعلام الفكر والإصلاح في العالم الإسلامي – رقم 7 – مركز الحضارة لتنمية الفكر الإسلامي – لبنان – الطبعة الأولى 2008.

** مراجعات الإسلاميين (الجزء الأول) – تأليف بالاشتراك – مرز المسبار للدراسات والبحوث – الإمارات – سلسلة كتاب المسبار الشهري – العدد السادس والثلاثون – ديسمبر 2009.

** السلفيون من الظل إلى قلب المشهد – دار أخبار اليوم – مصر – 2012.

مؤلفات إبداعية منشورة

** نقوش على قبور الشهداء (ديوان شعر).

115

مركز يافا للدراسات والأبحاث – مصر.

الطبعة الأولى 1996.

الطبعة الثانية 2003.

طبعة إليكترونية على nasihri.net – 2004.

طبعة إليكترونية على diwanalarab.com – 2004.

** عاصمة للبيع (مسرحية).

دائرة الثقافة والإعلام بإمارة الشارقة – دولة الإمارات – 2000.

** الحلم المسروق (ديوان شعر بالعامية).

مركز يافا للدراسات والأبحاث – مصر – 2003.

** الندى والموت (ديوان شعر).

مركز يافا للدراسات والأبحاث – مصر – 2003.

طبعة إليكترونية على diwanalarab.com – 2004.

طبعة إليكترونية على nashri.net – 2004.

** القاهرة.. بيروت.. باريس (رواية)

الدار العربية للعلوم – بيروت – 2006.

** **أهي القدس؟** ـ ديوان شعر – مكتبة بيروت – سلطنة عمان – 2009.

** **الممر** ـ رواية – مكتبة بيروت – سلطنة عمان – 2009.

مؤلفات أخرى منشورة

** **أشهر الأحلام في التاريخ**
مكتبة ابن سينا – مصر – **1993**.

** **التنبؤات والأحلام من الخرافة إلى العلم**
دار التضامن – لبنان – **1996**.

** **ثقافة قبول الآخر** – مكتبة الإيمان – مصر – مكتبة جزيرة الورد – مصر – **2007**.

** **مدخل إلى عالم الظواهر الخارقة** – مكتبة بيروت – سلطنة عمان – شركة دلتا – مصر – **2007**.

** **التجسس التكنولوجي: سرقة الأسرار الاقتصادية والتقنية (دراسة في المجتمع ما بعد الصناعي)** – مكتبة بيروت – سلطنة عمان – شركة دلتا – مصر – **2007**.

117

** ثقافة السلام ــ دار ومكتبة الغد ــ مصر ــ 2009.

تأليف بالاشتراك

** مقاربات نقدية في شعر رمضان أبو غالية ــ (بالاشتراك مع الأساتذة: صبري عبد الرحمن، أحمد مرسال، سامح القدوسي) من إصدارات نادي الأدب ببيت ثقافة قويسنا ــ مصر ــ 2004.

** حرية التعبير بين القانون العادل والقاضي الظالم ــ منشور في: بحوث مؤتمر "الأدب وحدود حرية التعبير" ــ فرع ثقافة المنوفية ــ إقليم غرب ووسط الدلتا الثقافي ــ الهيئة العامة لقصور الثقافة ــ وزارة الثقافة ــ مصر ــ 2006.

** إيران ــ مصر: مقاربات مستقبلية ــ (تأليف بالاشتراك) ــ تحرير: توفيق شومان ــ مركز الحضارة لتنمية الفكر الإسلامي ــ بيروت ــ سلسلة الدراسات الإيرانية/ العربية ــ رقم 1 ــ الطبعة الأولى ــ 2009.

118

أعمال حققها

** **ديوان أمير الشعراء أحمد شوقي (الشوقيات)** – تحقيق – مكتبة الإيمان – مصر – مكتبة جزيرة الورد – مصر – 2007.

** **ديوان الشاعر حافظ إبراهيم** – (تحقيق) – مكتبة الإيمان – مصر – مكتبة جزيرة الورد – مصر - 2009.

أعمال أعدها للنشر أو حررها

اكتشف وأعاد نشر رواية: "اعترافات حافظ نجيب: مغامرات جريئة مدهشة وقعت في نصف قرن" للمغامر المصري حافظ نجيب، وهي الرواية التي اقتبس عنها المسلسل التلفزيوني المصري الشهير "فارس بلا جواد". وقد قدم لها وألحق بها دراسة عن حياة مؤلفها.

** **اعترافات حافظ نجيب: مغامرات جريئة مدهشة وقعت في نصف قرن (إعداد للنشر).**

الطبعة الأولى – 1996 – دار الحسام – لبنان – مصر.

الطبعة الثانية – دار الانتشار العربي – بيروت – 2003.

** حرر (بالاشتراك) موسوعة "اليهود واليهودية والصهيونية" – 8 مجلدات – لمؤلفها المفكر العربي الإسلامي المرموق الدكتور عبد الوهاب المسيري – دار الشروق – مصر – 1998.

** حرر (بالاشتراك) موسوعة "اليهود واليهودية والصهيونية" – لمؤلفها المفكر العربي الإسلامي المرموق الدكتور عبد الوهاب المسيري – نسخة ميسرة ومختصرة (مجلدان) – دار الشروق بمصر بالاشتراك مع مركز زايد للتنسيق والمتابعة بدولة الإمارات – 2004.

** القمة الأمريكية السعودية الأولى: القمة السرية بين الملك عبد العزيز ابن سعود والرئيس روزفلت (البحيرات المرة – 1945) – (تقديم وتحرير ودراسة) – بقلم: الكولونيل: وليم إيدي (أول وزير أمريكي مفوض بالسعودية) – ترجمة: حسن الجزار – مكتبة بيروت – سلطنة عمان – شركة دلتا – مصر – 2008.

** دع القلق وابدأ الحياة – تأليف: ديل كارنيجي – إعداد وتقديم ودراسة – دار الحرم للتراث – مصر – 2009.

120

** <u>كيف تكسب الأصدقاء وتؤثر في الناس</u> – تأليف: ديل كارنيجي – إعداد وتقديم ودراسة – دار الحرم للتراث – مصر – 2009.

** <u>تربية المرأة والحجاب</u> (ردا على قاسم أمين) – تأليف: محمد طلعت حرب (باشا) – إعداد وتقديم ودراسة – دار الغد للنشر – مصر – 2009.

<u>أعمال تحت الطبع</u>

** **الهولوكوست النازي: خطأ الإنكار وخطيئة الاحتكار** (رؤية إسلامية) – مكتبة بيروت – سلطنة عمان – شركة دلتا – مصر.

** **الأقباط والدولة والغرب: من الصياد ومن الفريسة؟**

** **الرتاج** – رواية.

** **الوصايا**.

** **الشعراوي والكنيسة: ماذا قال الأنبا للشيخ؟**

<u>أفلام تسجيلية:</u>

121

* **دولة المنظمة السرية ــ الفكرة والإعداد والمادة العلمية ــ إنتاج قناة الجزيرة ــ قطر ــ 2009.**

<u>كتابات نقدية تناولت أعماله</u>

** **"ممدوح الشيخ وعماد أو صالح شعاعان من شمس شعر تشرق"**، منشور في: "كتابة: رؤى وذات" ــ صافي ناز كاظم ــ الهيئة المصرية العامة للكتاب ــ مصر ــ 2003.

** **"مقاربات نقدية في شعر ممدوح الشيخ"** ــ تأليف الأساتذة: رمضان أبو غالية ــ صبري عبد الرحمن ــ أحمد مرسال ــ سامح القدوسي ــ إصدارات نادي الأدب ببيت ثقافة قويسنا ــ مصر ــ 2004.

** **"المسرح الإقليمي بين حضور المضمون وغياب الشكل"** ــ الدكتور أيمن الخشاب ــ دراسة منشورة في: "الأدب والأيديولوجيا" ــ أبحاث المؤتمر الأدبي السابع لإقليم غرب ووسط الدلتا الثقافي ــ إصدارات إقليم غرب ووسط الدلتا الثقافي ــ الهيئة العامة لقصور الثقافة ــ وزارة الثقافة ــ مصر ــ 2006.

122

** رسالة ماجستير عن مسرحيته عاصمة للبيع في جامعة جنت البلجيكية للمستشرقة البلجيكية ماريكي فان كرايسبليك – 2006. (قيد الترجمة)

<u>دوريات نشرت دراساته ومقالاته وقصائده:</u>

<u>أولا: دوريات خارج العالم العربي:</u>

(بريطانيا): جريدة الحياة – جريدة القدس العربي – مجلة الغد العربي – مجلة النور – جريدة المسلمون – مجلة مراصد – جريدة المستقلة – مجلة الكلمة.

(هولندا): جريدة الاتجاه الآخر.

(قبرص): جريدة الأيام العربية – مجلة الشاهد.

(مالطا): مجلة رسالة الجهاد.

(ألمانيا): مجلة الرائد – مجلة الدليل – مجلة الإسلام وفلسطين.

(أمريكا): مجلة القلم – مجلة الصراط المستقيم – مجلة الرشاد – جريدة الوطن.

(إيران): جريدة الوفاق.

ثانيا: دوريات داخل العالم العربي:

(الإمارات): جريدة البيان – مجلة تراث – مجلة منار الإسلام – مجلة المنتدى – مجلة شؤون اجتماعية.

(السعودية): جريدة العالم الإسلامي – جريدة البلاد – المجلة العربية – مجلة الفيصل – مجلة الحرس الوطني – مجلة كلية الملك خالد العسكرية – مجلة الآطام – مجلة أبعاد – جريدة الجزيرة – جريدة اليوم – مجلة البيان – مجلة العالم.

(الكويت): مجلة الوعي الإسلامي – المجلة الخيرية – جريدة الرأي العام – جريدة الفنون – مجلة قرطاس – مجلة التقدم العلمي – مجلة الفرقان.

(البحرين): مجلة الهداية.

(قطر): جريدة الشرق.

(العراق): مجلة الصوت الآخر – جريدة الاتحاد – جريدة اليومية – جريدة الصباح – جريدة البينة – جريدة المنارة – مجلة ألكسنزان الفصلية – مجلة الأسبوعية – جريدة الصباح – جريدة المدى.

(لبنان): جريدة المستقبل – جريدة البلد – مجلة الفكر الجديد – مجلة الوحدة الإسلامية – مجلة المحجة.

(فلسطين المحتلة): جريدة الاستقلال – جريدة فلسطين – جريدة الحياة الجديدة.

(الجزائر): جريدة الأيام.

(المغرب): جريدة التجديد.

(السودان): جريدة الصحافة.

(اليمن): جريدة الثورة.

(الأردن): جريدة الغد.

<u>ثالثا: دوريات داخل مصر:</u>

مجلة المختار الإسلامي – مجلة المنار الجديد – مجلة حوارات المستقبل – مجلة منبر الشرق – جريدة الشعب – جريدة الأسبوع – جريدة مصر – جريدة صوت الشعب – جريدة الأحرار – جريدة العربي – جريدة الجمهورية – مجلة مراجعات – مجلة البداية – جريدة القاهرة – جريدة المصري اليوم – جريدة نهضة مصر – جريدة الدستور – جريدة اللواء الإسلامي – جريدة آفاق عربية – جريدة الرسالة الجديدة – جريدة الطريق – جريدة الوفد.

<u>جوائز</u>

<u>حاصل على جوائز عديدة عن إبداعه في الشعر</u>
<u>والمسرح داخل مصر وخارجها منها:</u>

** جائزة مؤسسة "اقرأ الخيرية" ــ مصر ــ المسابقة الثقافية للشباب لعام 1991 ــ المركز الثالث في مجال الشعر.

** جائزة مؤسسة "اقرأ الخيرية" ــ مصر ــ المسابقة الثقافية للشباب لعام 1992 ــ المركز الثاني في مجال المسرح عن نص ما زال مخطوطا.

** جائزة أفضل قصيدة (المركز الثاني) من "المجلس الأعلى للثقافة" ــ مصر ــ 1999 ــ عن قصيدة "نقوش على قبر شهيدة".

** جائزة "<u>الإبداع العربي</u>" من: "دائرة الثقافة والإعلام بإمارة الشارقة" بدولة الإمارات العربية المتحدة في مجال المسرح (المركز الثاني) عام 2000 ــ عن مسرحية "عاصمة للبيع".

** جائزة "<u>أحمد فتحي عامر</u>" في مجال الشعر (المركز الثاني) من "الهيئة العامة لقصور الثقافة" ــ مصر ــ الدورة الأولى ــ 2003.

** جائزة ''أحمد فتحي عامر'' في مجال الرواية (المركز الثالث) من ''الهيئة العامة لقصور الثقافة'' ـ مصر ـ الدورة الثانية ـ 2004 ـ عن رواية ''القاهرة ـ بيروت ـ باريس''.

** جائزة أفضل قصيدة (المركز الثاني) من ''نادي جازان الأدبي'' بالمملكة العربية السعودية في المسابقة الثقافية لعام 1423 هجرية ـ عن قصيدة ''بقصائدي ويقيني''.

مساهمات أخرى

** مقرر أمانة الدعوة والتثقيف بحزب العمل (1993 – 1996).

** أحد مؤسسي حزب ''الوسط المصري'' (1998).

** باحث في ''المركز الدولي للدراسات'' (1998 – 2001).

** مشرف على تحرير الصفحة الدينية بجريدة الدستور ـ مصر (2005 – 2008).

** شارك في المرحلة الأولى من تصفيات الدورة الثانية من تصفيات "أمير الشعراء" بقناة أبي ظبي (2008).

** شارك في تأسيس "مركز المستقبل للدراسات والأبحاث" – مصر (المدير التنفيذى – سابقا).

** عضو "المنظمة المصرية لحقوق الإنسان".

** عضو "رابطة الأدب الإسلامى".

** رئيس نادى الأدب ببيت ثقافة قويسنا (2005 – 2007)

** عضو نادى الأدب المركزى بفرع ثقافة المنوفية (2005 - 2007).

** عضو مؤتمر "أدباء مصر في الأقاليم".

** عضو الأمانة العامة لمؤتمر "أدباء مصر في الأقاليم" (2006) (2007).

** عضو أمانة مؤتمر إقليم وسط وغرب الدلتا الثقافى (2007).

** منسق "حركة حماية حقوق الناخب" (حماية).

** قُدمت ورقته الفكرية: "ماذا أعطى الإسلام للبشرية" في أول مؤتمرات "اللجنة العالمية لنصرة خاتم الأنبياء صلى الله عليه وسلم" (لندن – نوفمبر 2002).

128

** شارك فى العديد من المؤتمرات العلمية والثقافية فى: مصر، لبنان، ليبيا، الإمارات، والعراق.

** يشارك فى إعداد برنامج تلفزيونى تاريخى باسم "الفهرس" يبث على قناة دريم الفضائية المصرية ويقدمه الإعلامى المعروف الأستاذ إبراهيم عيسى. (2007)

** أحد مراسلى الموقع الإليكترونى لقناة العربية على الإنترنت (العربية نت)

** عرضت فرقة "مسرح دبى الأهلى" الإماراتية مسرحية "مملكة للبيع" (إعداد وإخراج عبد الله صالح) المقتبسة عن مسرحيته "عاصمة للبيع" ‑ دبى ‑ يوليو 2009.

** مدير مكتب قناة الاتجاه الإخبارية (2011 ‑ 2012).

** شارك فى عشرات البرامج التلفزيونية والإذاعية الثقافية والسياسية فى مختلف القنوات الفضائية المصرية والعربية، وأهمها:

اقرأ ‑ المنار ‑ العالم ‑ دريم ‑ المحور ‑ MBC ‑ شبكة الأخبار العربية ANN ‑ قناة التنوير المصرية ‑

129

القناة الثقافية المصرية – قناة النيل للأخبار المصرية – المجد – الحرة – نيو تي في – أوربيت – مودرن – عشتار – أبو ظبي – الدولية – قناة الأسرة والطفل – القناة الثالثة المصرية – The National Broadcasting Network (nbn)– Arabic news broadcast (ANB) – ON TV (مصر) – الخليجية – التواصل – الآرامية – قناة فلسطين اليوم (لبنان) – قناة الحكمة – قناة اللورد – إذاعة البرنامج العام – إذاعة البرنامج الثاني (مصر) – إذاعة النور – الإذاعة السعودية.. ..